O PODER DO AGORA

Eckhart Tolle

O PODER DO AGORA

UM GUIA PARA A ILUMINAÇÃO ESPIRITUAL

SEXTANTE

Título original: *The Power of Now*

tradução
Iva Sofia Gonçalves Lima

preparo de originais
Virginie Leite e Waldemar Falcão

revisão
Antonio dos Prazeres, Renata Dib e Sérgio Bellinello Soares

projeto gráfico e diagramação
Valéria Teixeira

capa
Adriana Moreno

impressão e acabamento
Lis Gráfica e Editora Ltda.

CIP-BRASIL. CATALOGAÇÃO NA PUBLICAÇÃO
SINDICATO NACIONAL DOS EDITORES DE LIVROS, RJ

T59c Tolle, Eckhart, 1948 -
O Poder do Agora: um guia para a iluminação espiritual / Eckhart Tolle; tradução de Iva Sofia Gonçalves Lima. – Rio de Janeiro: Sextante, 2002.
Tradução de: The Power of Now
ISBN 85-7542-027-5

1. Vida espiritual. I. Título.

02-0115. CDD 291.44
CDU 291.4

Rua Voluntários da Pátria, 45 – Gr. 1.404 – Botafogo
22270-000 – Rio de Janeiro – RJ
Tel.: (21) 2538-4100 – Fax: (21) 2286-9244
E-mail: atendimento@sextante.com.br
www.sextante.com.br

SUMÁRIO

INTRODUÇÃO

Você está aqui para possibilitar
que o propósito divino do universo se revele.
Veja como você é importante!

– Eckhart Tolle

A ORIGEM DESTE LIVRO

Não vejo muita utilidade no passado e raramente penso a respeito dele, mas, para que você compreenda a transformação que pode ocorrer na sua vida ao acessar o poder do Agora, vou contar como me tornei um mestre espiritual.

Até os meus 30 anos, eu era extremamente ansioso, sofria de depressão e tinha fortes tendências suicidas. Hoje, parece que estou falando da vida de outra pessoa.

Tudo começou a mudar pouco depois do meu aniversário de 29 anos, quando acordei certa madrugada com uma sensação de pavor absoluto. Não era a primeira vez que eu tinha uma crise de pânico, mas aquela, com certeza, foi a mais forte de todas. Tudo parecia estranho, hostil, absolutamente sem sentido. Senti uma profunda aversão pelo mundo e, principalmente, por mim mesmo. Qual o sentido de continuar a viver com o peso dessa angústia? Para que prosseguir com essa luta? Um profundo anseio de destruição, de deixar de existir, tinha tomado conta de mim, tornando-se até mais forte do que o desejo instintivo de viver.

"Não posso mais viver comigo", pensei. Então, de repente, tomei consciência de como aquele pensamento era peculiar. "Eu sou um ou sou dois? Se eu não consigo mais viver comigo, deve haver dois de mim: o 'eu' e o 'eu interior', com quem o 'eu' não consegue mais conviver." "Talvez", pensei, "só um dos dois seja real."

Fiquei tão atordoado com essa estranha dedução que a minha mente parou. Eu estava plenamente consciente, mas não tinha mais pensamentos. Fui arrastado para dentro do que parecia um vórtice de energia. No início o movimento foi lento, mas depois acelerou. Fui tomado de um pavor intenso e meu corpo começou a tremer. Ouvia as palavras "não resista", como se viessem de dentro do meu peito. Eu estava sendo sugado para dentro de um vácuo que parecia estar dentro de mim e não do lado de fora. De repente, perdi o medo e me deixei levar. Não me lembro de nada do que aconteceu depois.

No dia seguinte, fui acordado por um pássaro cantando no jardim. Nunca tinha ouvido um som tão maravilhoso antes. Meu quarto estava iluminado pelos primeiros raios de sol da manhã. Sem pensar em nada, eu senti – soube – que existem muito mais coisas para vir à luz do que nós percebemos. Aquela luminosidade suave que atravessava as cortinas da janela do meu quarto era o próprio amor. Meus olhos se encheram de lágrimas e eu percebi que nunca tinha reparado na beleza das pequenas coisas, no milagre da vida. Era como se eu tivesse acabado de nascer de novo.

Durante os cinco meses seguintes, vivi em um estado permanente de paz e alegria. Depois, essa sensação diminuiu de intensidade ou talvez eu tenha simplesmente me acostumado com ela, pois se tornou o meu estado natural. Embora eu continuasse vivendo normalmente, tinha percebido que nada que eu viesse a *fazer* poderia mudar realmente a minha vida. Eu já tinha tudo de que necessitava.

Eu sabia que algo profundamente significativo tinha acontecido, mas não entendia exatamente o quê. Só compreendi anos mais tarde, depois de ler muito sobre espiritualidade e de conviver com mestres iluminados. Percebi que eu já tinha vivenciado a transformação que as pessoas tanto desejavam. A pressão intensa do sofrimento daquela noite forçou minha consciência a pôr um fim à sua identificação com a infelicidade e com o falso "eu interior" amedrontado que minha mente havia criado para me controlar. Foi uma transformação tão completa que esse "eu interior" sofredor murchou imediatamente, como quando se tira o pino de um brinquedo inflável. O que restou foi a minha verdadeira natureza, a minha presença, a consciência em seu estado puro, anterior à sua identificação com a forma.

Mais tarde aprendi a entrar numa dimensão interior eterna e imortal, que havia percebido inicialmente como um vazio, e a permanecer plenamente consciente assim, alcançando um estado de profunda paz e bem-aventurança. Eu me entreguei completamente a essa experiência e, durante um bom tempo, abri mão de tudo no plano físico: não tinha mais emprego, casa, relacionamentos, nem uma identidade social definida. Passei quase dois anos sentado em bancos de parque num estado de profunda alegria.

Mas até mesmo as experiências mais bonitas vêm e vão. Retomei minha vida no plano físico, mas o sentimento de paz nunca mais me abandonou. Às vezes, ele é muito intenso, quase palpável, e outras pessoas também podem senti-lo. Outras vezes, ele fica na retaguarda, como uma melodia distante.

Tempos depois, as pessoas iriam se aproximar de mim e dizer: "Quero o que você tem. Você pode me dar ou me mostrar como conseguir?" Eu respondia: "Você já tem. Mas não consegue sentir porque a sua mente está fazendo muito barulho." Foi essa resposta que acabou originando o livro que você tem nas mãos.

Quando eu vi, já possuía de novo uma identidade externa: tinha me tornado um mestre espiritual.

Este livro representa a essência do meu trabalho, com pequenos grupos na Europa e nos Estados Unidos, durante os últimos dez anos. Com profundo amor e admiração, gostaria de agradecer a essas pessoas excepcionais pela coragem e força de vontade que tiveram para abraçar uma mudança interior. Este livro não existiria sem elas. Embora ainda sejam minoria, esses pioneiros espirituais estão chegando a um ponto onde serão capazes de romper os padrões de consciência coletiva herdados dos nossos antepassados, responsáveis pela escravidão da humanidade por séculos.

Acredito que este livro chegará às mãos das pessoas que estão prontas para uma transformação interior radical e que atuará como um catalisador dessa mudança. Espero também que ele alcance muitas outras pessoas que achem o conteúdo digno de atenção, embora ainda não estejam preparadas para viver plenamente essa transformação. Talvez, mais tarde, a semente plantada com esta leitura se junte à semente da iluminação que cada ser humano traz dentro de si e acabe germinando e florescendo dentro delas.

Este livro tem o formato de perguntas e respostas porque se originou de questões formuladas pelas pessoas que participaram de meus seminários, grupos de meditação e de sessões particulares de aconselhamento. Como aprendi muito nos encontros, achei que outras pessoas poderiam se beneficiar dessa troca de ideias. Por isso, resolvi transcrever algumas perguntas e respostas quase que textualmente. Também combinei certas questões mais frequentes em uma só e extraí a essência de respostas diferentes para formar uma resposta genérica. Algumas vezes, enquanto escrevia, deparei com uma ou outra questão inteiramente nova, muito mais profunda ou esclarecedora do que as discutidas anteriormente. Outras questões foram formuladas para esclarecer determinados conceitos.

Primeiro, vamos tratar da natureza da inconsciência humana, do sofrimento e da ilusão criada pela nossa mente. Vou lhe ensinar a reconhecer o que é falso em você e mostrar como a identificação com esse falso "eu interior" só pode trazer medo e infelicidade. O próximo passo é se libertar da escravidão da sua mente, entrar no estado iluminado de consciência e manter esse estado na sua vida cotidiana. Essa profunda transformação da consciência humana não é uma possibilidade distante no futuro, ela está disponível agora – não importa quem você seja ou onde quer que esteja.

Cada palavra deste livro foi planejada para conduzir você a uma nova consciência à medida que avançar na leitura. Meu objetivo é levar você comigo a um estado de intensa consciência da presença do Agora, de modo a lhe proporcionar um vislumbre da iluminação. Talvez, até que você seja capaz de vivenciar o que estou falando, algumas passagens pareçam repetitivas. Mas, assim que conseguir, perceberá a grande carga de poder espiritual contida neste livro.

O símbolo de pausa § depois de certas passagens é uma sugestão para que você possa parar de ler por uns instantes, relaxar e vivenciar a verdade do que foi dito.

O significado de certas palavras, como "Ser" ou "presença", pode não ser claro à primeira vista, mas continue lendo porque essas questões serão respondidas mais adiante, ou, então, vão se tornar irrelevantes à medida que você se aprofundar nos ensinamentos – e dentro de você mesmo. A mente quer sempre rotular e comparar, mas este livro trará mais benefícios se você não se apegar às palavras. Se for comparar a terminologia que eu uso com a de outros textos espirituais, você pode se confundir porque emprego palavras como "mente", "felicidade" e "consciência" em acepções diferentes das usuais.

Não leia apenas com a mente. Tome cuidado com o senso de identificação dentro de você. Não há nenhuma verdade espiritual que eu possa lhe contar que já não esteja no seu interior. Só o que posso fazer é chamar sua atenção para algumas coisas que talvez estejam esquecidas. A sabedoria da vida – antiga mas ainda assim sempre nova – é então ativada dentro de cada célula do seu corpo.

Este livro pode ser visto como uma reafirmação, em nossos tempos, de um ensinamento espiritual atemporal, a essência de todas as religiões. Essa essência não vem de fontes exteriores, mas sim da verdadeira Fonte interior. Por isso, não contém teoria nem especulação. Como estou me baseando nessa experiência interior, vez por outra sou muito incisivo porque quero atravessar as densas camadas de resistência mental e alcançar aquele lugar no seu interior que você já *conhece*, como eu conheço, e onde se pode reconhecer a verdade ao escutá-la. Surge, então, um sentimento de exaltação e de intensa vivacidade, quando algo dentro de você diz: "É, eu sei que isso é verdade."

capítulo um

VOCÊ NÃO É A SUA MENTE

O MAIOR OBSTÁCULO PARA A ILUMINAÇÃO

Iluminação – o que é isso?

Por mais de trinta anos um mendigo ficou sentado no mesmo lugar, debaixo de uma marquise. Até que um dia, uma conversa com um estranho mudou sua vida:

– Tem um trocadinho aí pra mim, moço? – murmurou, estendendo mecanicamente seu velho boné.

– Não, não tenho – disse o estranho. – O que tem nesse baú debaixo de você?

– Nada, isso aqui é só uma caixa velha. Já nem sei há quanto tempo sento em cima dela.

– Nunca olhou o que tem dentro? – perguntou o estranho.

– Não – respondeu. – Para quê? Não tem nada aqui, não!

– Dá uma olhada dentro – insistiu o estranho, antes de ir embora.

O mendigo resolveu abrir a caixa. Teve que fazer força para levantar a tampa e mal conseguiu acreditar ao ver que o velho caixote estava cheio de ouro.

Eu sou o estranho sem nada para dar, que está lhe dizendo para olhar para dentro. Não de uma caixa, mas sim de você mesmo. Imagino que você esteja pensando indignado: "Mas eu não sou um mendigo!"

Infelizmente, todos que ainda não encontraram a verdadeira

riqueza – a radiante alegria do Ser e uma paz inabalável – são mendigos, mesmo que possuam bens e riqueza material. Buscam, do lado de fora, migalhas de prazer, aprovação, segurança ou amor, embora tenham um tesouro guardado dentro de si, que não só contém tudo isso, como é infinitamente maior do que qualquer coisa oferecida pelo mundo.

A palavra iluminação transmite a ideia de uma conquista sobre-humana – e isso agrada ao ego –, mas é simplesmente o estado natural de *sentir-se* em unidade com o Ser. É um estado de conexão com algo imensurável e indestrutível. Pode parecer um paradoxo, mas esse "algo" é essencialmente você e, ao mesmo tempo, é muito maior do que você. A iluminação consiste em encontrar a verdadeira natureza por trás do nome e da forma. A incapacidade de sentir essa conexão dá origem a uma ilusão de separação, tanto de você mesmo quanto do mundo ao redor. Quando você se percebe, consciente ou inconscientemente, como um fragmento isolado, o medo e os conflitos internos e externos tomam conta da sua vida.

Adoro a definição simples de Buda para a iluminação: "É o fim do sofrimento." Não há nada de sobre-humano nisso, não é mesmo? Claro que não é uma definição completa. Ela apenas nos diz o que a iluminação não é: *não* é sofrimento. Mas o que resta quando não há mais sofrimento? Buda silencia a respeito, e esse silêncio implica que teremos de encontrar a resposta por nós mesmos. Como ele emprega uma definição negativa, a mente não consegue entendê-la como uma crença, ou como uma conquista sobre-humana, um objetivo difícil de alcançar. Apesar disso, a maioria dos budistas ainda acredita que a iluminação é algo apenas para Buda e não para eles próprios, pelo menos, não nesta vida.

Você usou a palavra Ser. Pode explicar o que quer dizer com isso?

Ser é a eterna e sempre presente Vida Única, que existe além das inúmeras formas de vida sujeitas ao nascimento e à morte. Entretanto, o Ser não está apenas além, mas também dentro de todas as formas, como a mais profunda, invisível e indestrutível essência interior. Isso significa que ele está ao seu alcance agora, sob a forma de um eu interior mais profundo, que é a verdadeira natureza dentro de você. Mas não procure apreendê-lo com a mente. Não tente entendê-lo. Só é possível conhecê-lo quando a mente está serena. Se estiver alerta, com toda a sua atenção voltada para o Agora, você até poderá sentir o Ser, mas jamais conseguirá compreendê-lo mentalmente. Recuperar a consciência do Ser e submeter-se a esse estado de "percepção dos sentidos" é o que se chama iluminação.

§

Quando você diz Ser, está falando sobre Deus? Se estiver, por que não diz expressamente?

A palavra *Deus* tornou-se vazia de significado ao longo de milhares de anos de utilização imprópria. Emprego-a ocasionalmente, mas com moderação. Considero imprópria a sua utilização por pessoas que jamais tiveram a menor ideia do reino do sagrado, da infinita imensidão contida nessa palavra, mas que a usam com grande convicção, como se soubessem do que estão falando. Existem ainda aqueles que questionam o termo, como se soubessem o que estão discutindo. Esse uso indevido dá origem a crenças, afirmações e delírios absurdos, tais como "o *meu* ou o *nosso* Deus é o único Deus verdadeiro, o *seu* Deus é falso", ou a famosa frase de Nietzsche: "Deus está morto".

A palavra *Deus* se tornou um conceito fechado. Quando a pronunciamos, criamos uma imagem mental, talvez não mais a de um velhinho de barba branca, mas ainda uma representação mental de alguém ou de algo externo a nós e, quase inevitavelmente, alguém ou alguma coisa do sexo *masculino*.

Tanto *Deus* quanto *Ser* são palavras que não conseguem definir nem explicar a realidade por trás delas. *Ser*, entretanto, tem a vantagem de sugerir um conceito aberto. Não reduz o invisível infinito a uma entidade finita. É impossível formar uma imagem mental a esse respeito. Ninguém pode reivindicar a posse exclusiva do Ser. É a sua essência, tão acessível como sentir a sua própria presença, a realização do *Eu sou* que antecede o "eu sou isso" ou "eu sou aquilo". Portanto, a distância é muito curta entre a palavra *Ser* e a vivência do Ser.

§

Qual o maior obstáculo para vivenciar essa realidade?

Identificar-se com a mente, o que faz com que estejamos sempre pensando em alguma coisa. Ser incapaz de parar de pensar é uma aflição terrível, mas ninguém percebe porque quase todos nós sofremos disso e, então, consideramos uma coisa normal. O ruído mental incessante nos impede de encontrar a área de serenidade interior, que é inseparável do Ser. Isso faz com que a mente crie um falso eu interior que projeta uma sombra de medo e sofrimento sobre nós. Examinaremos esses pontos detalhadamente mais adiante.

O filósofo Descartes acreditava ter alcançado a verdade mais fundamental quando proferiu sua conhecida máxima: "Penso, logo existo." Cometeu, no entanto, um erro básico ao equiparar o pensar ao Ser e a identidade ao pensamento. O pensador compulsivo, ou seja, quase todas as pessoas, vive em um estado de aparente isolamento, em um mundo povoado de conflitos e problemas. Um mundo que reflete a fragmentação da mente em uma escala cada vez maior. A iluminação é um estado de plenitude, de estar "em unidade" e, portanto, em paz. Em unidade tanto com o universo quanto com o eu interior mais profundo, ou seja, o Ser. A iluminação é o fim não só do sofrimento e dos conflitos internos e externos permanentes, mas também da aterrorizante escravidão do pensamento. Que maravilhosa libertação!

Se nos identificamos com a mente, criamos uma tela opaca de conceitos, rótulos, imagens, palavras, julgamentos e definições que bloqueiam todas as relações verdadeiras. Essa tela se situa entre você e o seu eu interior, entre você e o próximo, entre você e a natureza, entre você e Deus. É essa tela de pensamentos que cria uma ilusão de separação, uma ilusão de que existe você e um "outro" totalmente à parte. Esquecemos o fato essencial de que, debaixo do nível das aparências físicas, formamos uma unidade com tudo aquilo que é. Por "esquecermos" quero dizer que não *sentimos* mais essa unidade como uma realidade evidente por si só. Podemos até *acreditar* que isso seja uma verdade, mas não mais a *reconhecemos* como verdade. Acreditar pode até trazer conforto. No entanto, a libertação só pode vir através da vivência pessoal.

Pensar se tornou uma doença. A doença acontece quando as coisas se desequilibram. Por exemplo, não há nada de errado com a divisão e a multiplicação das células no corpo humano. Mas, quando esse processo acontece sem levar em conta o organismo como um todo, as células se proliferam e temos a doença.

Se for usada corretamente, a mente é um instrumento magnífico. Entretanto, quando a usamos de forma errada, ela se torna destrutiva. Para ser ainda mais preciso, não é você que usa a sua mente de forma errada. Em geral, você simplesmente não usa a mente. É ela que usa *você*. Essa é a doença. Você acredita que é a sua mente. Eis aí o delírio. O instrumento se apossou de você.

Não concordo muito com isso. É verdade que penso muito sem um objetivo definido, como a maioria das pessoas, mas ainda posso escolher como usar a minha mente para ter e conseguir coisas, e faço isso o tempo todo.

Só porque podemos resolver palavras cruzadas ou construir uma bomba atômica não significa que estejamos usando a mente. Assim como os cães adoram mastigar ossos, a mente adora transformar dificuldades em problemas. É por isso que ela resolve palavras cruzadas e constrói bombas atômicas. Mas essas coisas não interessam a *você*. Pergunto então: você consegue se livrar da sua mente quando quer? Já encontrou o botão que a "desliga"?

A ideia é parar de pensar completamente? Não, não consigo, a não ser por um ou dois segundos.

Então, é porque a mente está usando você. Estamos tão identificados com ela que nem percebemos que somos seus escravos. É quase como se algo nos dominasse sem termos consciência disso e passássemos a viver como se fôssemos a entidade dominadora. A liberdade começa quando percebemos que não somos a entidade dominadora, o pensador. Saber disso nos permite observar a entidade. No momento em que começamos a *observar o pensador*, ativamos um nível mais alto de consciência. Começamos a perceber, então, que existe uma vasta área de inteligência além do pensamento, e que este é apenas um aspecto diminuto da inteligência. Percebemos também que todas as coisas realmente importantes como a beleza, o amor, a criatividade, a alegria e a paz interior surgem de um ponto além da mente. É quando começamos a acordar.

§

LIBERTANDO-SE DA SUA MENTE

O que você quer dizer exatamente por "observar o pensador"?

Quando alguém vai ao médico e diz: "Ouço uma voz dentro da minha cabeça", provavelmente será encaminhado a um psiquiatra. De uma forma ou de outra, praticamente todas as pessoas ouvem uma voz, ou algumas vozes, o tempo todo dentro da cabeça. São os processos involuntários do pensar – que acreditamos que não podemos interromper –, manifestando-se como monólogos ou diálogos contínuos.

Você já deve ter cruzado na rua com pessoas "doidas" falando sem parar ou resmungando consigo mesmas. Isso não tem nada de diferente do que acontece com você e com outras pessoas "normais", exceto que vocês não falam alto. A voz comenta, especula, julga, compara, desculpa, gosta, desgosta, etc. A voz não precisa ser relevante para a situação do momento, pois ela pode estar revivendo o passado recente ou remoto, ou ensaiando, ou imaginando possíveis situações futuras. Neste último caso, ela imagina sempre as coisas indo mal e com resultados desfavoráveis. É o que se chama de preocupação. Às vezes, essa trilha sonora é acompanhada de imagens ou "filmes mentais".

Mesmo que tenha alguma relação com o momento, a voz será interpretada em termos do passado. Isso acontece porque a voz pertence à mente condicionada, que é o resultado de toda a nossa história passada, bem como dos valores culturais coletivos que herdamos. Assim, vemos e julgamos o presente com os olhos do passado e construímos uma imagem totalmente distorcida. Não é raro que a voz se torne o pior inimigo de nós mesmos. Muitas pessoas vivem com um torturador em suas cabeças, que as ataca e pune sem parar, drenando sua energia vital. Essa é a causa de muita angústia e infelicidade, assim como de doenças.

A boa notícia é que *podemos* nos libertar de nossas mentes. Essa é a única libertação verdadeira. Dê o primeiro passo nesse exato momento. Comece a prestar atenção ao que a voz diz, principalmente a padrões repetitivos de pensamento, aquelas velhas trilhas sonoras que você escuta dentro da sua cabeça há anos. É isso o que quero dizer com "observar o pensador". É um outro modo de dizer o seguinte: ouça a voz dentro da sua cabeça, *esteja* lá presente, como uma testemunha.

Seja imparcial ao ouvir a voz, não julgue nada. Não julgue ou condene o que você ouve, porque fazer isso significaria que a mesma voz acabou de voltar pela porta dos fundos. Você logo perceberá: *lá* está a voz e aqui *estou eu*, ouvindo-a e observando-a. Sentir a própria presença não é um pensamento, é algo que surge de um ponto além da mente.

§

Assim, ouvir um pensamento significa que você está consciente não só do pensamento, mas também de você mesmo, como uma testemunha daquele pensamento. Isso acontece porque uma nova dimensão da consciência acabou de surgir. Quando você ouve o pensamento, sente uma presença consciente, que é o seu eu interior mais profundo, por trás ou por baixo do pensamento.

O pensamento, então, perde o poder que exerce sobre você e se afasta rapidamente, porque a mente não está mais recebendo a energia gerada pela sua identificação com ela. Esse é o começo do fim do pensamento involuntário e compulsivo.

Quando um pensamento se afasta, percebemos uma interrupção no fluxo mental, um espaço de "mente vazia". No início, esses espaços são curtos, talvez apenas alguns segundos, mas, aos poucos, se tornam mais longos. Quando esses espaços acontecem, sentimos uma certa serenidade e paz interior. Esse é o começo do estado natural de nos sentirmos em unidade com o Ser, que normalmente é encoberto pela mente. Com a prática, a sensação de paz e serenidade vai se intensificar. Na verdade, essa intensidade não tem fim. Você também vai sentir brotar lá de dentro uma sutil emanação de alegria, que é a alegria do Ser.

Não se trata de um estado de transe. Nada disso. Se o preço da paz fosse a perda da consciência e o preço da serenidade, uma falta de vitalidade e de vivacidade, então não valeria a pena. É exatamente o oposto. Nesse estado de conexão interior, ficamos muito mais alertas. Estamos presentes por inteiro.

Ao penetrarmos mais profundamente nessa área de "mente vazia", como ela às vezes é chamada no Oriente, começamos a perceber o estado de pura consciência. Nesse estado, sentimos a nossa própria presença com tal intensidade e alegria que os pensamentos, as emoções, nosso corpo, o mundo exterior – tudo se torna insignificante comparado a ele. No entanto, não é um estado egoísta, e sim generoso. Ele nos transporta para um ponto além do que antes julgávamos ser o nosso "eu interior". Essa presença é essencialmente você e, ao mesmo tempo, muito maior do que você.

Em vez de "observar o pensador", podemos também criar um espaço no fluxo da mente, direcionando o foco da nossa atenção para o Agora. Torne-se consciente do momento. Isso é profundamente gratificante de se fazer. Agindo assim, desviamos a consciência para longe da atividade da mente e criamos um espaço de mente vazia, em que ficamos extremamente alertas e conscientes, mas sem pensar. Essa é a essência da meditação.

Na vida diária é possível pôr isso em prática dando total atenção a qualquer atividade rotineira, normalmente considerada como apenas um meio para atingir um objetivo, de modo a transformá-la em um fim em si mesma. Por exemplo, todas as vezes que você subir ou descer as escadas em casa ou no trabalho, preste muita atenção a cada passo, a cada movimento, até mesmo à sua respiração. Esteja totalmente presente. Ou, quando lavar as mãos, preste atenção a todas as sensações provocadas por essa atividade, como o som e o contato da água, o movimento das suas mãos, o cheiro do sabonete, e assim por diante. Ou então, quando entrar em seu carro, pare por alguns segundos depois que fechar a porta e observe o fluxo da sua respiração. Tome consciência de um silencioso, mas poderoso, sentido de presença. Para medir, sem errar, o seu sucesso nessa prática, verifique o grau de paz dentro de você.

§

Portanto, o passo mais importante na caminhada em direção à iluminação é aprendermos a nos dissociar de nossas mentes. Todas as vezes que criamos um espaço no fluxo do pensamento, a luz da nossa consciência fica mais forte.

Um dia você pode se surpreender sorrindo para a voz dentro da cabeça, como sorriria para as travessuras de uma criança. Isso significa que você não está mais levando tão a sério o que vai pela mente, pois o seu eu interior não depende dela.

ILUMINAÇÃO: ELEVANDO-SE ACIMA DO PENSAMENTO

O pensamento não é indispensável para sobrevivermos neste mundo?

Nossa mente é um instrumento, uma ferramenta. Está ali para ser usada em uma tarefa específica e depois ser deixada de lado. Sendo assim, eu poderia afirmar que 80% a 90% dos pensamentos não só são repetitivos e inúteis, mas, por conta de uma natureza frequentemente negativa, são também nocivos. Observe sua mente e verificará como isso é verdade. Essa atitude causa uma perda significativa de energia vital.

Esse tipo de pensamento compulsivo é, na verdade, um vício. O que caracteriza um vício? Simplesmente não termos mais a opção de parar. O vício parece mais forte do que nós. Proporciona ainda uma falsa sensação de prazer, um prazer que, quase sempre, se transforma em sofrimento.

Por que temos de ser viciados em pensar?

Porque estamos identificados com esse processo, já que a percepção do eu interior tem origem no conteúdo e na atividade de nossas mentes. Acreditamos que deixaríamos de existir se parássemos de pensar. No processo de crescimento, construímos uma imagem mental de nós mesmos, baseada em nosso condicionamento pessoal e cultural. Podemos chamar isso "o fantasma pessoal do ego". Consiste em uma atividade mental e só pode ser mantido através do pensar constante. A palavra ego tem sentidos diferentes para pessoas diferentes, mas aqui significa um falso eu interior, criado por uma identificação inconsciente com a mente.

Para o ego, o momento presente dificilmente existe. Só o passado e o futuro são considerados importantes. Essa total inversão da verdade explica por que, para o ego, a mente não é totalmente funcional. O ego está sempre preocupado em manter vivo o passado, porque pensa que sem ele não seríamos ninguém. E se projeta no futuro para assegurar a continuação de sua sobrevivência e buscar algum tipo de escape ou satisfação lá adiante. Ele diz assim: "Um dia, quando isso ou aquilo acontecer, vou ficar bem, feliz, em paz." Mesmo quando o ego parece estar preocupado com o presente, não é o presente que ele vê, porque constrói uma imagem completamente distorcida, a partir do passado. Ou então reduz o presente a um meio para obter o fim desejado, um fim que consiste em um futuro projetado pela mente. Observe sua mente e verá que é assim que ela funciona.

O momento presente tem a chave para a libertação. Mas você não conseguirá percebê-lo enquanto você *for* a sua mente.

Não quero perder a minha capacidade de analisar e criticar. Não me importo em aprender a pensar de forma mais clara, com um sentido mais direcionado, mas não quero perder esse dom, que considero o bem mais precioso que temos. Sem ele, seríamos apenas mais uma espécie animal.

O predomínio da mente é apenas um estágio na evolução da consciência. Precisamos, urgentemente, passar ao próximo estágio, senão seremos destruídos pela mente, que se transformou em um monstro. Falarei sobre isso em detalhes mais adiante. Pensamento e consciência não são sinônimos. O pensamento é um pequeno aspecto da consciência. O pensamento não consegue existir sem a consciência, mas a consciência não necessita do pensamento.

A iluminação significa chegar a um nível acima do pensamento, e não ficar abaixo dele, ao nível de um animal ou de uma planta. No estado iluminado, continuamos a usar nossas mentes quando necessário, mas de um modo mais focalizado e eficiente. Assim, utilizando nossas mentes com objetivos práticos, não ouvimos mais o diálogo interno involuntário e sentimos uma enorme serenidade interior. Quando usamos de fato nossas mentes e, em especial, quando necessitamos de uma solução criativa, há uma oscilação, de segundos, entre o pensamento e a serenidade, entre a mente e a mente vazia. O estado de mente vazia é a consciência sem o pensamento. Só assim é possível pensar criativamente, porque somente desse modo o pensamento tem alguma força real. O pensamento sozinho, quando não mais conectado com a área da consciência, que é muito mais ampla, rapidamente se torna árido, doentio e destrutivo.

A mente é, em essência, uma máquina de sobrevivência. Ela executa muitas coisas boas quando, por exemplo, ataca outras mentes e se defende delas, coleta, armazena e analisa uma informação, mas não é nada criativa. Todo artista verdadeiro, quer tenha ou não consciência disso, cria a partir de um lugar de mente vazia, que se origina de uma serenidade interior. A mente então dá forma ao impulso criativo, ou insight. Até mesmo os grandes cientistas têm relatado que as suas descobertas mais originais aconteceram em um momento de serenidade mental. Uma pesquisa nacional realizada com alguns dos matemáticos mais preeminentes que já atuaram nos Estados Unidos, incluindo Einstein, para estudar seus métodos de trabalho, mostrou que o pensamento "é apenas uma parte secundária da fase breve e decisiva do ato criativo em si". Logo, eu poderia dizer que a maioria dos cientistas *não* é criativa, não porque não sabe pensar, mas sim porque não sabe como parar de pensar!

Não foi a mente, nem o pensamento, que criou o milagre da vida ou nossos corpos. É claro que existe uma inteligência, de uma dimensão muito maior do que a da mente, trabalhando para manter tudo isso funcionando. Como uma simples célula humana, que mede 1/1.000 de 25,4 mm, pode conter instruções dentro do DNA que encheriam 1.000 livros de 600 páginas cada um? Quanto mais aprendemos sobre o funcionamento do corpo, mais percebemos como é vasta a inteligência que age dentro dele e como sabemos pouco a esse respeito. Quando a mente se relaciona com o corpo, transforma-se na mais maravilhosa das ferramentas. Serve, então, a alguma coisa maior do que ela mesma.

EMOÇÃO: A REAÇÃO DO CORPO À MENTE

E quanto às emoções? Elas me dominam muito mais do que a minha mente.

A mente, no sentido em que emprego o termo, não é apenas pensamento. Ela inclui nossas emoções, assim como todos os padrões de reações mentais e emocionais inconscientes. A emoção nasce no lugar onde a mente e o corpo se encontram. É a reação do corpo à nossa mente ou, podemos dizer, um reflexo da mente no corpo. Por exemplo, um pensamento agressivo ou hostil vai acumulando, aos poucos, uma energia no corpo – a raiva. O corpo está se preparando para lutar. Já a ideia de que nos encontramos sob uma ameaça física ou psicológica faz com que o corpo se contraia, o que é a manifestação física daquilo que chamamos medo. As pesquisas têm demonstrado que as emoções fortes causam até mesmo mudanças na bioquímica do corpo. Essas mudanças bioquímicas representam o aspecto físico ou material da emoção. Em geral, não temos consciência de todos os nossos padrões de pensamento. Só é possível trazê-los à consciência quando observamos nossas emoções.

Quanto mais identificados estivermos com nosso pensamento, com as coisas que nos agradam ou não, com nossos julgamentos e interpretações, ou seja, quanto menos *presentes* estivermos como consciência observadora, mais forte será a carga de energia emocional, tenhamos ou não consciência disso. Se você não consegue sentir as suas emoções, se as mantém a distância, terminará por senti-las em um nível puramente físico, como um sintoma ou um problema físico. Muito se tem escrito a respeito disso nos últimos anos, portanto, não precisamos nos aprofundar no assunto.

É possível que um forte padrão emocional inconsciente venha a se manifestar como um acontecimento externo, algo que parece acontecer só com você. Por exemplo, tenho observado que as pessoas que guardam muita raiva dentro de si – mesmo sem ter consciência e sem falar sobre o assunto – são mais propensas a ser atacadas verbalmente, ou até mesmo fisicamente, por outras pessoas cheias de raiva. Com frequência, sem qualquer motivo aparente. A razão é que elas desprendem uma raiva tão forte que acaba sendo captada de forma subconsciente por outras pessoas, e isso aciona a raiva latente que essas trazem dentro de si.

Se você tem dificuldade de sentir suas emoções, comece concentrando a atenção na área de energia interior do seu corpo. Sinta o seu corpo lá no fundo. Essa prática colocará você em contato com as suas emoções. Aprofundarei o assunto mais adiante.

Você diz que a emoção é o reflexo da mente no corpo. Mas, às vezes, ocorre um conflito entre os dois quando a mente diz "não" e a emoção diz "sim", ou vice-versa.

Se quisermos conhecer mesmo a nossa mente, o corpo sempre nos dará um reflexo confiável. Portanto, observe a sua emoção, ou melhor, *sinta-a* em seu corpo. Se houver um aparente conflito entre os dois, a verdade estará na emoção e não no pensamento. Não a verdade definitiva sobre quem você é, mas a verdade relativa ao estado da sua mente naquele momento.

É bastante comum ocorrerem conflitos entre os pensamentos superficiais e os processos mentais inconscientes. Mesmo que você ainda não seja capaz de trazer a sua atividade mental inconsciente para um estado de consciência sob a forma de *pensamento*, ela estará sempre refletida no seu corpo como *uma emoção*, e isso você *pode* passar a perceber. Observar uma emoção por esse ângulo é basicamente o mesmo que ouvir ou observar um pensamento, como descrevi anteriormente. A única diferença é que o pensamento está na sua cabeça, enquanto a emoção, por conter um forte componente físico, se manifesta em primeiro lugar no corpo. Você pode permitir que a emoção *esteja* ali, sem deixar que ela assuma o controle. Você não é mais a emoção. Você é o observador, a presença que observa. Ao praticar isso, tudo o que está inconsciente será trazido à luz da sua consciência.

Então, observar nossas emoções é tão importante quanto observar nossos pensamentos?

Sim. Habitue-se a perguntar o que está acontecendo com você nesse exato momento. Essa questão lhe indicará a direção certa. Mas não analise, apenas observe. Concentre sua atenção dentro de você. Sinta a energia da emoção. Se não há emoção presente, concentre sua atenção mais fundo no campo da energia interna do seu corpo. Essa é a porta de entrada para o Ser.

Uma emoção, em geral, representa um padrão de pensamento amplificado e energizado. Por conta da carga energética quase sempre excessiva que ela contém, não é fácil, a princípio, termos condições para observá-la. A emoção quer assumir o controle, e quase sempre consegue, a menos que você esteja presente e alerta. Se você for empurrado para uma identificação inconsciente com a emoção, ela se tornará, temporariamente, "você". É comum se estabelecer um círculo vicioso entre o pensamento e a emoção porque um alimenta o outro. O padrão do pensamento cria um reflexo amplificado de si mesmo na forma de uma emoção, fazendo com que a frequência vibratória desta permaneça alimentando o padrão de pensamento original. Ao lidar mentalmente com a situação, acontecimento ou pessoa que é identificada como causadora da emoção, o pensamento fornece energia para a emoção, a qual, por sua vez, energiza o padrão de pensamento, e assim por diante.

Basicamente, todas as emoções são modificações de uma emoção primitiva não diferenciada, cuja origem é a perda da percepção de quem somos por trás do nome e da forma. É difícil encontrar um nome que descreva essa emoção primitiva. A palavra "medo" é muito próxima, mas, além do sentido de ameaça permanente, ela pode ser entendida como um profundo sentimento de abandono e incompletude. Por isso, talvez seja melhor usar uma palavra que não se confunda tanto com aquela emoção básica e chamar isso simplesmente de "sofrimento". Uma das principais tarefas da mente, uma das razões da sua atividade incessante, é a de combater ou eliminar o sofrimento emocional, embora ela invariavelmente só consiga encobri-lo por um tempo. De fato, quanto mais a mente tenta se livrar do sofrimento, mais ele aumenta. A mente nunca pode achar a solução, nem pode permitir que encontremos a solução, porque é, ela mesma, uma parte intrínseca do "problema". Imagine um chefe de polícia tentando achar um incendiário, quando o incendiário é o próprio chefe de polícia. Não nos livraremos desse sofrimento enquanto não extrairmos o sentido de eu interior da identificação com a mente, ou seja, do ego. A mente é, então, derrubada da sua posição de poder, e o Ser se revela em si mesmo, como a verdadeira natureza da pessoa.

Já sei o que você vai perguntar agora.

Eu ia perguntar: O que acontece com as emoções positivas, como o amor e a alegria?

Elas são inseparáveis do estado natural de conexão interior com o Ser. Sempre que houver um espaço no fluxo dos pensamentos, podem ocorrer lampejos de amor e alegria, ou breves instantes de uma paz profunda. Para a maioria das pessoas, tais espaços raramente acontecem, e mesmo assim por acaso, nas ocasiões em que a mente fica "sem palavras", instigada por uma beleza estonteante, uma exaustão física extrema, ou mesmo um grande perigo. De repente se instala uma serenidade interior. E dentro dessa serenidade existe uma alegria sutil mas intensa, existe amor, existe paz.

Normalmente, tais momentos têm vida curta, pois a mente logo reassume essa atividade barulhenta a que chamamos pensar. O amor, a alegria e a paz não conseguem florescer, a menos que tenhamos nos livrado do domínio da mente. Mas eu não os chamaria de emoções. Eles estão por baixo das emoções, em um nível mais profundo. Portanto, precisamos nos tornar plenamente conscientes de nossas emoções e sermos capazes de *senti-las*, antes de sermos capazes de sentir aquilo que está além delas. A palavra emoção significa, literalmente, "desordem". A palavra vem do latim *emovere*, que significa "movimentar".

Amor, alegria e paz são estados profundos do Ser, ou melhor, três aspectos do estado de ligação interior com o Ser. Assim, não possuem opositores pela simples razão de que surgem por trás da mente. As emoções, por outro lado, sendo uma parte da mente dualística, estão sujeitas à lei dos opostos. Isso quer dizer, simplesmente, que não se pode ter o bom sem que haja o mau. Portanto, numa condição não iluminada de identificação com a mente, aquilo que algumas vezes é erroneamente chamado de alegria é o lado geralmente breve do prazer, dentro da alternância contínua do ciclo sofrimento/prazer. O prazer sempre se origina de alguma coisa externa a nós, ao passo que a alegria nasce do nosso interior. A mesma coisa que proporciona prazer hoje provocará sofrimento amanhã, ou nos abandonará, e essa ausência causará sofrimento. Do mesmo modo, o que se costuma chamar de amor pode ser prazeroso e excitante por um tempo, mas é um apego adicional, uma condição de necessidade extrema, que pode vir a se transformar no oposto, em um piscar de olhos. Muitas relações "amorosas", passada a euforia inicial, oscilam entre o "amor" e o ódio, a atração e a agressão.

O amor verdadeiro não permite que você sofra. Como poderia? Não se transforma em ódio de repente, assim como a verdadeira alegria não se transforma em sofrimento. Antes de atingirmos a iluminação, antes mesmo de nos libertarmos de nossas mentes, podemos ter lampejos de alegria autêntica, de um amor verdadeiro ou de uma profunda paz interior, tranquila mas intensamente viva. Esses são aspectos da nossa verdadeira natureza, em geral obscurecida pela mente. Mesmo dentro de uma relação "normal" de dependência, é possível haver momentos em que podemos sentir a presença de algo genuíno, incorruptível. Mas serão somente lampejos, a serem logo encobertos pela interferência da mente. Você poderá ficar com a impressão de que teve alguma coisa muito valiosa mas a perdeu, ou a sua mente pode lhe convencer de que tudo não passou de uma ilusão. A verdade é que não foi uma ilusão e você também não perdeu nada. Esse algo valioso é parte de seu estado natural – pode estar encoberto, mas nunca ser destruído pela mente. Mesmo quando o céu está totalmente coberto, o sol não desapareceu. Ainda está lá, por trás das nuvens.

Buda diz que a dor ou o sofrimento surge através de desejos ou anseios, e que para se libertar da dor é preciso romper as amarras do desejo.

Todos os anseios nascem da busca da mente por salvação ou satisfação nas coisas externas e no futuro, como substitutos da alegria do Ser. Se somos nossas mentes, somos aqueles anseios, aquelas necessidades, desejos, apegos e aversões. Fora deles não existe o eu, exceto como uma mera possibilidade, um potencial não preenchido, uma semente que ainda não germinou. Nessa condição, até mesmo o desejo de nos tornarmos livres ou iluminados não passa de mais um desejo a ser realizado ou concluído no futuro. Portanto, não busque se libertar do desejo ou "adquirir" a iluminação. Torne-se presente. Esteja lá, como um observador da mente. Em lugar de citar Buda, *seja* Buda, *seja* "O Iluminado", que é o que a palavra *buda* significa.

Os seres humanos têm vivido enredados pelo sofrimento por séculos, desde que decaíram do estado de graça, penetraram no domínio do tempo e da mente, e perderam a percepção do Ser. Nesse momento, começaram a se perceber como fragmentos sem sentido em um universo estranho, sem conexão com a Fonte e com o seu semelhante.

Enquanto estivermos identificados com as nossas mentes, o que significa dizer, enquanto estivermos inconscientes espiritualmente, o sofrimento será inevitável. Refiro-me aqui ao sofrimento emocional, que é também a causa principal do sofrimento físico e da doença. O ressentimento, o ódio, a autopiedade, a culpa, a raiva, a depressão, o ciúme e até mesmo uma leve irritação são formas de sofrimento. E qualquer prazer ou forte emoção contém em si a semente do sofrimento. É o inseparável oposto, que se manifestará com o tempo.

Quem já tomou bebidas alcoólicas ou drogas para ficar "alto" sabe que o alto se transforma em baixo, que o prazer se torna uma forma de sofrimento. A maioria das pessoas também sabe, por experiência própria, como uma relação íntima pode se transformar, de modo fácil e rápido, de fonte de prazer em fonte de sofrimento. Vistas de uma perspectiva mais ampla, tanto a polaridade negativa quanto a positiva são lados de uma mesma moeda, são partes de um sofrimento que está oculto, inseparável do estado de consciência identificado com a mente.

Existem dois níveis de sofrimento: o que você cria agora e o que tem origem no passado que ainda vive em sua mente e no seu corpo. Deixar de criar sofrimento no presente e dissolver o sofrimento do passado – é sobre isso que desejo falar com você agora.

capítulo dois

CONSCIÊNCIA: O CAMINHO PARA ESCAPAR DO SOFRIMENTO

NÃO CRIE MAIS SOFRIMENTO NO PRESENTE

Ninguém tem uma vida livre de sofrimento e mágoa. Não é uma questão de aprender a viver com isso, em vez de tentar evitar?

A maior parte do sofrimento humano é desnecessária. Ele se forma sozinho, enquanto a mente superficial governa a nossa vida.

O sofrimento que sentimos neste exato momento é sempre alguma forma de não aceitação, uma forma de resistência inconsciente ao que *é*. No nível do pensamento, a resistência é uma forma de julgamento. No nível emocional, ela é uma forma de negatividade. O sofrimento varia de intensidade de acordo com o nosso grau de resistência ao momento atual, e isso, por sua vez, depende da intensidade com que nos identificamos com as nossas mentes. A mente procura sempre negar e escapar do Agora. Em outras palavras, quanto mais nos identificamos com as nossas mentes, mais sofremos. Ou ainda, quanto mais respeitamos e aceitamos o Agora, mais nos libertamos da dor, do sofrimento e da mente.

Por que a mente tem o hábito de negar ou resistir ao Agora? Porque ela não consegue funcionar e permanecer no controle sem que esteja associada ao tempo, tanto passado quanto futuro, e assim ela vê o atemporal Agora como algo ameaçador. Na verdade, o tempo e a mente são inseparáveis.

Imagine a Terra sem a vida humana, habitada apenas por plantas e animais. Será que ainda haveria passado e futuro? Será que as perguntas "que horas são?" ou "que dia é hoje?" teriam algum sentido para um carvalho ou uma águia? Acho que eles ficariam intrigados e responderiam: "Claro que é agora. A hora é agora. O que mais existe?"

Não há dúvidas de que precisamos da mente e do tempo, mas, no momento em que eles assumem o controle das nossas vidas, surgem os problemas, o sofrimento e a mágoa.

Para ter certeza de que permanece no controle, a mente trabalha o tempo todo para esconder o momento presente com o passado e o futuro. Assim, a vitalidade e o infinito potencial criativo do Ser, que é inseparável do Agora, ficam encobertos pelo tempo e a nossa verdadeira natureza é obscurecida pela mente. Todos nós sofremos ao ignorar ou negar cada momento precioso ou reduzi-lo a um meio para alcançar algo no futuro, algo que só existe em nossas mentes, nunca na realidade. O tempo acumulado na mente humana encerra uma grande quantidade de sofrimento cuja origem está no passado.

Se não quer gerar mais sofrimento para você e para os outros, não "crie" mais tempo, ou, pelo menos, não mais do que o necessário para lidar com os aspectos práticos da sua vida. Como deixar de "criar" tempo? Tendo uma profunda consciência de que o momento presente é tudo o que você tem. Faça do Agora o foco principal da sua vida. Se antes você se fixava no tempo e fazia rápidas visitas ao Agora, inverta essa lógica, fixando-se no Agora e fazendo visitas rápidas ao passado e ao futuro quando precisar lidar com os aspectos práticos da sua vida. Diga sempre "sim" ao momento atual. O que poderia ser mais insensato do que criar uma resistência interior a alguma coisa que já *é*? O que poderia ser mais insensato do que se opor à própria vida, que é agora e sempre agora? Renda-se ao que é. Diga "sim" para a vida e veja como, de repente, a vida começa a trabalhar mais a *seu favor* em vez de contra você.

§

Às vezes, o momento atual é inaceitável, desagradável ou terrível.

As coisas são como são. Observe como a mente julga continuamente o comportamento, atribuindo nomes às coisas. Entenda como esse processo cria sofrimento e infelicidade. Ao observarmos o mecanismo da mente, escapamos dos padrões de resistência e podemos então *permitir que o momento atual exista*. Isso dará a você uma prova do estado de liberdade interior, o estado da verdadeira paz interior. Veja então o que acontece e parta para a ação, caso necessário ou possível.

Aceite, depois aja. O que quer que o momento atual contenha, aceite-o como uma escolha sua. Trabalhe sempre com ele, não contra. Torne-o um amigo e aliado, não seu inimigo. Isso transformará toda a sua vida, como por milagre.

§

DISSOLVENDO O SOFRIMENTO DO PASSADO

Enquanto não somos capazes de acessar o poder do Agora, vamos acumulando resíduos de sofrimento emocional. Esses resíduos se misturam ao sofrimento do passado e se alojam em nossa mente e em nosso corpo. Isso inclui o sofrimento vivido em nossa infância, causado pela falta de compreensão do mundo em que nascemos.

Todo esse sofrimento cria um campo de energia negativa que ocupa a mente e o corpo. Se olharmos para ele como uma entidade invisível com características próprias, estaremos chegando bem perto da verdade. É o sofrimento emocional do corpo. Apresenta-se sob duas modalidades: inativo e ativo. O sofrimento pode ficar inativo 90% do tempo, ou 100% ativado em alguém profundamente infeliz. Algumas pessoas atravessam a vida quase que inteiramente tomadas pelo sofrimento, enquanto outras passam por ele em algumas situações que envolvem relações familiares e amorosas, lesões físicas ou emocionais, perdas do passado, abandono, etc. Qualquer coisa pode ativá-lo, especialmente se encontrar ressonância em um padrão de sofrimento do passado. Quando o sofrimento está pronto para despertar do estágio inativo, até mesmo uma observação inocente feita por um amigo ou um pensamento é capaz de ativá-lo.

Alguns sofrimentos são irritantes, mas inofensivos, como é o caso de uma criança que não para de chorar. Outros são monstros destrutivos e mórbidos, verdadeiros demônios. Alguns são fisicamente violentos; outros, emocionalmente violentos. Eles podem atacar tanto as pessoas à nossa volta quanto a nós mesmos, seus "hospedeiros". Os pensamentos e sentimentos relativos à nossa vida tornam-se, então, profundamente negativos e autodestrutivos. Doenças e acidentes frequentemente acontecem desse modo. Alguns sofrimentos podem até levar uma pessoa ao suicídio.

Às vezes levamos um choque ao descobrir uma faceta detestável em alguém que pensávamos conhecer bem. Entretanto, é mais importante observar essa situação em nós mesmos do que nos outros. Preste atenção a qualquer sinal de infelicidade em você, qualquer que seja a forma, pois talvez seja o despertar do sofrimento. Ele pode se manifestar como uma irritação, um sinal de impaciência, um ar sombrio, um desejo de ferir, sentimentos de raiva, ira, depressão ou uma necessidade de criar algum tipo de problema em seus relacionamentos. Agarre o sinal no momento em que ele despertar de seu estado inativo.

O sofrimento deseja sobreviver, mas, para isso, precisa conseguir que nos identifiquemos inconscientemente com ele. Portanto, quando o sofrimento toma conta de nós, cria uma situação em nossas vidas que reflete a própria frequência de energia da qual ele se alimenta. Sofrimento só se alimenta de sofrimento. Não consegue se alimentar de alegria. Acha-a indigesta.

Quando o sofrimento nos domina, faz com que desejemos ter mais sofrimento. Passamos a ser vítimas ou perpetradores. Queremos infligir sofrimento, ou senti-lo, ou ambos. Na verdade, não há muita diferença entre os dois. É claro que não temos consciência disso e afirmamos que não queremos sofrer. Mas, preste bem atenção e verá que o seu pensamento e o seu comportamento estão programados para continuar com o sofrimento, tanto para você quanto para os outros. Se você *estivesse* consciente disso, o padrão iria se desfazer, porque desejar mais sofrimento é uma insanidade, e ninguém é insano conscientemente.

O sofrimento, a sombra escura projetada pelo ego, tem medo da luz da nossa consciência. Teme ser descoberto. Sobrevive graças à nossa identificação inconsciente com ele, assim como do medo inconsciente de enfrentarmos o sofrimento que vive dentro de nós. Mas se não o enfrentarmos, se não direcionarmos a luz da nossa consciência sobre o sofrimento, seremos forçados a revivê-lo. O sofrimento pode nos parecer um monstro perigoso, mas eu lhe garanto que se trata de um fantasma frágil. Ele não pode prevalecer sobre o poder da nossa *presença*.

Alguns ensinamentos espirituais dizem que todo sofrimento é, em última análise, uma ilusão, e isso é verdade. A questão é se isso é uma verdade para você. Acreditar simplesmente não transforma nada em verdade. Você quer sofrer para o resto da vida e permanecer dizendo que é uma ilusão? Será que essa atitude livra você do sofrimento? O que nos interessa aqui é o que podemos fazer para *vivenciar* essa verdade, ou seja, torná-la real em nossas vidas.

Portanto, o sofrimento não quer que nós o observemos diretamente e vejamos o que ele realmente é. No momento em que o observamos, sentimos seu campo energético dentro de nós e desfazemos nossa identificação com ele, surge uma nova dimensão da consciência. Chamo a isso *presença*. Passamos a ser testemunhas ou observadores do sofrimento. Isso significa que ele não pode mais nos usar, fingindo ser nosso eu interior. Então, não temos mais como realimentá-lo. Aqui está nossa mais profunda força interior. Acabamos de acessar o poder do Agora.

O que acontece ao sofrimento quando nos tornamos conscientes o bastante para romper a nossa identificação com ele?

A inconsciência cria o sofrimento. A consciência transforma o sofrimento nela mesma. São Paulo expressa esse princípio universal de uma forma linda ao dizer: "Tudo é revelado ao ser exposto à luz e o que for exposto à própria luz se torna luz." Assim como não se pode lutar contra a escuridão, não se pode lutar contra o sofrimento. Tentar fazer isso poderia gerar um conflito interior e um sofrimento adicional. Observar o sofrimento já é o bastante. Observá-lo implica aceitá-lo como parte do que *existe* naquele momento.

O sofrimento consiste na energia vital aprisionada que se desprendeu do campo energético total e se fez temporariamente autônoma, através de um processo artificial de identificação com a mente. Ela se volta para dentro de si mesma e se torna algo contrário à vida, como um animal tentando comer o próprio rabo. Por que você acha que a nossa civilização se tornou tão autodestrutiva? Acontece que as forças destrutivas da vida ainda são energia vital.

Mesmo quando começamos a deixar de nos identificar e nos tornamos observadores, o sofrimento ainda continua a agir por um tempo e vai tentar fazer com que voltemos a nos identificar com ele. Embora não esteja mais recebendo a energia originada da nossa identificação com ele, o sofrimento ainda tem sua força, como uma roda-gigante que continua a girar, mesmo quando deixa de receber o impulso. Nesse estágio, o sofrimento pode até ocasionar dores em diversas partes do corpo, mas elas não vão durar. Esteja presente, fique consciente. Vigie o seu espaço interior. Você vai precisar estar presente e alerta para ser capaz de observar o sofrimento de um modo direto e sentir a energia que emana dele. Agindo assim, o sofrimento não terá força para controlar o seu pensamento. No momento em que o seu pensamento se alinha com o campo energético do sofrimento, você está se identificando com ele e, de novo, alimentando-o com os seus pensamentos.

Por exemplo, se a raiva é a vibração de energia que predomina no sofrimento e você alimenta esse sentimento, insistindo em pensar no que alguém fez para prejudicá-lo ou no que você vai fazer em relação a essa pessoa, é porque você já não está mais consciente, e o sofrimento se tornou "você". Onde existe raiva, existe sempre um sofrimento oculto. Quando você começa a entrar em um padrão mental negativo e a pensar como a sua vida é horrorosa, isso quer dizer que o pensamento se alinhou com o sofrimento e que você passou a estar inconsciente e vulnerável a um ataque do sofrimento. Utilizo a palavra "inconsciência" no presente contexto para significar uma identificação com um padrão mental ou emocional. Isso implica uma ausência completa do observador.

Manter-se em um estado de alerta consciente destrói a ligação entre o sofrimento e o mecanismo do pensamento, e aciona o processo de transformação. É como se o sofrimento se tornasse o combustível para a chama da consciência, resultando em um brilho de mais intensidade. Esse é o significado esotérico da antiga arte da alquimia: a transformação do metal não precioso em ouro, do sofrimento em consciência. A separação interior cicatriza, e você se torna inteiro outra vez. Cabe a você, então, não criar um sofrimento adicional.

Resumindo o processo: concentre a atenção no sentimento dentro de você. Reconheça que é o sofrimento. Aceite que ele esteja ali. Não *pense* a respeito. Não permita que o sentimento se transforme em pensamento. Não julgue nem analise. Não se identifique com o sentimento. Esteja presente e observe o que está acontecendo dentro de você. Perceba não só o sofrimento emocional, mas também a presença "de alguém que observa", o observador silencioso. Esse é o poder do Agora, o poder da sua própria presença consciente. Veja, então, o que acontece.

Em inúmeras mulheres, o sofrimento manifesta-se, em particular, no período anterior ao fluxo menstrual. Mais adiante, comentarei as razões pelas quais isso acontece. No momento, o importante é que você seja capaz de estar alerta e presente quando o sofrimento aparecer e de *observar* o sentimento em vez de se deixar dominar por ele. Essas atitudes proporcionam uma oportunidade para a mais poderosa das práticas espirituais e tornam possível uma rápida transformação de todo o passado.

A IDENTIFICAÇÃO DO EGO COM O SOFRIMENTO

O processo que acabei de descrever é extremamente poderoso, embora simples. Poderia ser ensinado a uma criança, e tenho a esperança de que um dia será uma das primeiras coisas a serem aprendidas na escola. Uma vez entendido o princípio básico do que significa estar presente observando o que acontece dentro de nós – e "entendemos" isso quando passamos pela experiência –, teremos à nossa disposição a mais poderosa ferramenta de transformação.

Não nego que podemos encontrar uma forte resistência interna tentando nos impedir de pôr um fim à identificação com o sofrimento. Isso acontecerá particularmente se tivermos vivido intimamente identificados com o sofrimento emocional durante a maior parte da vida e se tivermos investido nele uma grande parte ou mesmo todo o nosso sentido de eu interior. Isso significa que construímos um eu interior infeliz por conta do nosso sofrimento e acreditamos que somos essa ficção fabricada pela mente. Nesse caso, nosso medo inconsciente de perder a identidade vai criar uma forte resistência a qualquer forma de não identificação. Em outras palavras, você preferiria viver com o sofrimento – *ser* o sofrimento – a saltar para o desconhecido, correndo o risco de perder o seu infeliz, mas familiar eu interior.

Se esse é o seu caso, observe a resistência dentro de você. Observe o seu apego ao sofrimento. Esteja muito alerta. Observe como é estranho ter prazer em ser infeliz. Observe a compulsão de falar ou pensar a esse respeito. A resistência deixará de existir se você torná-la consciente. Poderá então dar atenção ao sofrimento, estar presente como testemunha e iniciar a transformação.

Só *você* pode fazer isso. Ninguém pode fazer *por* você. Mas, caso tenha bastante sorte para encontrar alguém intensamente consciente, se puder estar com essa pessoa e juntar-se a ela no estado de presença, isso poderá ser de grande utilidade, acelerando o processo. Se isso acontecer, a sua própria luz logo brilhará mais forte. Quando colocamos um pedaço de lenha que tenha começado a queimar há pouco tempo perto de outro que está queimando vigorosamente e, depois, separamos os dois outra vez, o primeiro tronco passará a queimar com uma intensidade muito maior. Afinal de contas, é o mesmo fogo. Ser um fogo dessa natureza é uma das funções de um mestre espiritual. Alguns terapeutas estão aptos a preencher essa função, desde que tenham alcançado um ponto além do nível de consciência e sejam capazes de criar e sustentar um estado de presença intensa e consciente enquanto estiverem trabalhando com você.

A ORIGEM DO MEDO

Você mencionou o medo como uma parte do nosso sofrimento emocional latente. Por que há tanto medo na vida das pessoas? Uma certa dose de medo não é saudável? Se eu não tivesse medo do fogo, poderia colocar minha mão dentro dele e me queimar.

A razão pela qual não colocamos a mão no fogo não é o medo, e sim a certeza de que vamos nos queimar. Não é preciso ter medo para evitar um perigo desnecessário, basta um mínimo de inteligência e bom senso. Nessas questões práticas, é muito útil aplicarmos as lições do passado. Mas se alguém nos *ameaça* com fogo ou com violência física, talvez experimentemos uma sensação como o medo. É uma reação instintiva ao perigo, sem relação com a doença psicológica do medo que estamos tratando aqui. A doença psicológica do medo não está presa a qualquer perigo imediato concreto e verdadeiro. Manifesta-se de várias formas, tais como agitação, preocupação, ansiedade, nervosismo, tensão, pavor, fobia, etc. Esse tipo de medo psicológico é sempre de alguma coisa que *poderá* acontecer, não de alguma coisa que está acontecendo neste momento. *Você* está aqui e agora, ao passo que a sua mente está no futuro. Essa situação cria um espaço de angústia. E caso estejamos identificados com as nossas mentes e tivermos perdido o contato com o poder e a simplicidade do

Agora, essa angústia será a nossa companhia constante. Podemos sempre lidar com uma situação no momento em que ela se apresenta, mas não podemos lidar com algo que é apenas uma projeção mental. Não podemos lidar com o futuro.

Além do mais, enquanto estivermos identificados com a mente, o ego rege as nossas vidas, como mencionei anteriormente. Por conta da sua natureza ilusória e apesar dos elaborados mecanismos de defesa, o ego é muito vulnerável e inseguro e vê a si mesmo sob constante ameaça. Esse é o caso aqui, mesmo que o ego seja muito confiante, em sua forma externa. Agora, lembre-se que uma emoção é a reação do corpo à mente. Que mensagem o corpo está recebendo permanentemente do ego, o falso eu interior construído pela mente? Perigo, estou sob ameaça. E qual é a emoção gerada por essa mensagem permanente? Medo, é claro.

O medo parece ter várias causas – tememos perder, falhar, nos machucar –, mas em última análise todos os medos se resumem a um só: o medo que o ego tem da morte e da destruição. Para o ego, a morte está bem ali na esquina. No estado de identificação com a mente, o medo da morte afeta cada aspecto da nossa vida. Por exemplo, mesmo uma coisa aparentemente trivial ou "normal", como a necessidade de estar certo em um argumento e demonstrar à outra pessoa que ela está errada, defendendo a posição mental com a qual nos identificamos, acontece por causa do medo da morte. Se estivermos identificados com uma atitude mental e descobrirmos que estamos errados, nosso sentido de eu interior baseado na mente corre um sério risco de destruição. Portanto, assim como o ego, você não pode errar. Errar é morrer. Muitas guerras foram disputadas por causa disso e inúmeros relacionamentos foram destruídos.

Uma vez que não estejamos mais identificados com a mente, não faz a menor diferença para o nosso eu interior estarmos certos ou errados. Assim, a necessidade compulsiva e profundamente inconsciente de ter sempre razão – o que é uma forma de violência – vai desaparecer. Você poderá declarar de modo calmo e firme como se sente ou o que pensa a respeito de algum assunto, mas sem agressividade ou qualquer sentido de defesa. O sentido do eu interior passa a se originar de um lugar profundo e verdadeiro dentro de você, não mais de sua mente. Tenha cuidado com qualquer tipo de defesa dentro de você. Está se defendendo de quê? De uma identidade ilusória, de uma imagem em sua mente, de uma entidade fictícia? Ao trazer esse padrão à consciência, ao testemunhá-lo, você deixa de se identificar com ele. Sob a luz da sua consciência, o padrão de inconsciência irá se dissolver rapidamente. Esse é o fim de todos os argumentos e jogos de poder, tão prejudiciais aos relacionamentos. O poder sobre os outros é a fraqueza disfarçada de força. O verdadeiro poder é interior e está à sua disposição agora.

O medo será uma companhia constante para qualquer pessoa que esteja identificada com a mente e, portanto, desconectada do seu verdadeiro poder, o eu profundo enraizado no Ser. O número de pessoas que conseguiram alcançar o ponto além da mente ainda é extremamente pequeno, o que nos leva a presumir que, virtualmente, todas as pessoas que você encontra ou conhece vivem em um estado permanente de medo. Só o que varia é a intensidade. Ele flutua entre a ansiedade e o pavor numa ponta da escala e um desconfortável, vago e distante sentido de ameaça na outra. Muitas pessoas só tomam consciência disso quando o medo assume uma de suas formas mais agudas.

A BUSCA DO EGO PELA PLENITUDE

Um outro aspecto do sofrimento emocional é uma profunda sensação de falta, de incompletude, de não se sentir inteiro. Em algumas pessoas isso é consciente, em outras, não. Quando está consciente, a pessoa tem uma sensação inquietante de que não é respeitada ou boa o bastante. Na forma inconsciente, essa sensação se manifesta indiretamente como um anseio, uma necessidade ou uma carência intensa. Em ambos os casos, as pessoas podem acabar buscando compulsivamente uma forma de gratificar o ego e preencher o buraco que sentem por dentro. Assim, empenham-se em possuir propriedades, dinheiro, sucesso, poder, reconhecimento ou um relacionamento especial, para se sentirem melhor e mais completas. Porém, mesmo quando conseguem todas essas coisas, percebem que o buraco ainda está ali e não tem fundo. As pessoas veem, então, que estão realmente em apuros, porque não podem mais se enganar. Na verdade, elas continuam tentando agir como antes, mas isso se torna cada vez mais difícil.

Enquanto o ego dirige a nossa vida, não conseguimos nos sentir à vontade, em paz ou completos, exceto por breves períodos, quando acabamos de ter um desejo satisfeito. O ego precisa de alimento e proteção o tempo todo. Tem necessidade de se identificar com coisas externas, como propriedades, status social, trabalho, educação, aparência física, habilidades especiais, relacionamentos, história pessoal e familiar, ideais políticos e crenças religiosas. Só que nada disso é você.

Levou um susto? Ou sentiu um enorme alívio? Mais cedo ou mais tarde, você vai ter que abrir mão de todas essas coisas. Pode ser difícil de acreditar, e eu não estou aqui pedindo a você que *acredite* que a sua identidade não está em nenhuma dessas coisas. Você vai *conhecer* por si mesmo a verdade, lá no fim, quando sentir a morte se aproximar. Morte significa um despojar-se de tudo o que não é você. O segredo da vida é "morrer antes que você morra" – e descobrir que não existe morte.

capítulo três

ENTRANDO PROFUNDAMENTE NO AGORA

NÃO BUSQUE O SEU EU INTERIOR DENTRO DA MENTE

Sinto que ainda tenho muito a aprender sobre as atividades da minha mente antes de poder chegar a algum lugar próximo da consciência ou iluminação espiritual.

Não, não tem. Os problemas da mente não podem ser solucionados no nível da mente. No momento em que compreendemos que não somos a nossa mente, não existe muito mais a aprender ou compreender. O máximo que podemos conseguir ao estudar a mente é nos tornarmos bons psicólogos, mas isso não nos levará para além da mente, do mesmo modo que estudar a loucura não basta para criar a sanidade. Já entendemos a mecânica básica do estado de inconsciência, ou seja, quando nos identificamos com a mente geramos um falso eu interior, o ego, que é um substituto do nosso verdadeiro eu interior enraizado no Ser. Passamos a ser "um ramo cortado da videira", como Jesus pregou.

As necessidades do ego são intermináveis. Ele se sente vulnerável e ameaçado e, em consequência, vive em um estado de medo e carência. Quando entendemos esse funcionamento anormal da mente, não precisamos examinar todas as suas numerosas manifestações nem transformá-lo em um problema pessoal complexo. O ego, é claro, adora fazer isso. Está sempre buscando algo em que se apegar para sustentar e fortalecer a ilusão que tem de si mesmo e para juntar aos seus problemas.

Essa é a razão pela qual, para muitos de nós, o sentido do eu interior está intimamente ligado aos nossos problemas. Quando isso acontece, a última coisa que desejamos é nos livrar deles, porque isso significaria a perda do eu interior. Por isso, pode existir uma grande parte de investimento inconsciente do ego em mágoa e sofrimento.

Portanto, se reconhecermos que a raiz da inconsciência vem de uma identificação com a mente, o que naturalmente inclui as emoções, estaremos dando um passo para nos livrar da mente. Ficamos *presentes*. Quando estamos presentes, podemos permitir que a mente seja como é, sem nos deixar enredar por ela. A mente em si é uma ferramenta maravilhosa. O mau funcionamento acontece quando buscamos o nosso eu interior dentro dela e a confundimos com quem somos. É nesse momento que a mente torna-se *egoica* e domina toda a nossa vida.

O FIM DA ILUSÃO DO TEMPO

É praticamente impossível deixarmos de nos identificar com a mente. Estamos mergulhados nela. Como se ensina um peixe a voar?

O segredo está em acabar com a ilusão do tempo. O tempo e a mente são inseparáveis. Tire o tempo da mente e ele para, a menos que você escolha utilizá-lo.

Estar identificado com a mente é estar preso ao tempo. É a compulsão para vivermos quase exclusivamente através da memória ou da antecipação. Isso cria uma preocupação infinita com o passado e o futuro, e uma relutância em respeitar o momento presente e *permitir que ele aconteça*. Temos essa compulsão porque o passado nos dá uma identidade e o futuro contém uma promessa de salvação e de realização. Ambos são ilusões.

Mas, sem o tempo, qual seria a razão de nossa existência? Não teríamos objetivos a alcançar, nem mesmo saberíamos quem somos. O tempo é algo precioso e acho que precisamos aprender a utilizá-lo com sabedoria, em vez de desperdiçá-lo.

O tempo não tem nada de precioso, porque é uma ilusão. Aquilo que achamos ser precioso não é o tempo, mas um ponto que está fora dele: o Agora. Isso é realmente precioso. Quanto mais nos concentramos no tempo, no passado e no futuro, mais perdemos o Agora, a coisa mais importante que existe.

Por que o Agora é a coisa mais importante que existe? Primeiramente, porque é a *única* coisa. É tudo o que existe. O eterno presente é o espaço dentro do qual se desenvolve toda a nossa vida, o único fator que permanece constante. A vida é agora. Nunca houve uma época em que a nossa vida não fosse agora, nem haverá. Em segundo lugar, o Agora é o único ponto que pode nos conduzir para além das fronteiras limitadas da mente. É o nosso único ponto de acesso para a área atemporal e amorfa do Ser.

§

NADA EXISTE FORA DO AGORA

O passado e o futuro não são tão reais quanto o presente? Afinal, o passado determina quem somos e de que forma agimos no presente. E os nossos objetivos futuros determinam as atitudes que tomamos no presente.

Você ainda não captou a essência do que estou dizendo porque está tentando entender mentalmente. A mente não pode entender esse assunto. Só *você* pode. Por favor, preste atenção ao seguinte:

Você alguma vez vivenciou, realizou, pensou ou sentiu alguma coisa fora do Agora? Acha que conseguirá algum dia? É possível alguma coisa acontecer ou ser fora do Agora? A resposta é óbvia, não é mesmo?

Nada jamais aconteceu no passado, aconteceu no Agora.

Nada jamais irá acontecer no futuro, acontecerá no Agora.

O que consideramos como passado é um traço da memória, armazenado na mente, de um Agora anterior. Quando lembramos do passado, reativamos um traço da memória e fazemos isso agora. O futuro é um Agora imaginado, uma projeção da mente. Quando o futuro acontece, acontece como sendo o Agora. Quando pensamos sobre o futuro, fazemos isso no Agora. Obviamente o passado e o futuro não têm realidade própria. Do mesmo modo como a lua não tem luz própria e apenas reflete a luz do sol, o passado e o futuro são apenas um reflexo pálido da luz, do poder e da realidade do eterno presente. A realidade deles é "emprestada" do Agora.

A essência dessas afirmações não pode ser compreendida pela mente. No momento em que captamos a essência, ocorre uma mudança na consciência, que passa a desviar o foco da mente para o Ser, do tempo para a presença. De repente, tudo parece vivo, irradia energia, emana do Ser.

§

A CHAVE PARA A DIMENSÃO ESPIRITUAL

Em situações em que a nossa vida está ameaçada pode ocorrer naturalmente essa mudança na consciência do tempo para o momento presente. A personalidade que tem um passado e um futuro retrocede e é substituída por uma presença consciente intensa, serena mas, ao mesmo tempo, alerta. Sempre que uma reação se faz necessária, ela surge desse estado de consciência.

Muitas pessoas, embora não percebam, gostam de se envolver em atividades perigosas, como escaladas de montanhas, corridas de automóvel, voos de asa-delta, pela simples razão de que essas atividades as trazem para o Agora, livre do tempo, dos problemas, dos pensamentos e das obrigações pessoais. Nesses casos, desviar sua atenção do momento presente, nem que seja por um segundo, pode significar a morte. Infelizmente, essas pessoas passam a depender de uma atividade em particular para ficarem nesse estado. Mas você não precisa escalar a face norte do Eiger.[1] Você pode entrar nesse estado agora.

§

Desde a antiguidade, mestres espirituais de todas as tradições apontam o Agora como a chave para a dimensão espiritual. Mas parece que isso permaneceu como um segredo. Com certeza, não é ensinado em igrejas ou em templos. Se você vai a uma igreja, pode ouvir passagens do Evangelho como "Não vos inquieteis pelo dia de amanhã, porque o dia de amanhã cuidará de si mesmo", ou "Ninguém que lança mão do arado e *olha para trás* é apto para o reino de Deus". A profundidade e a natureza radical desses ensinamentos não são reconhecidas. Parece que ninguém percebe que os ensinamentos foram formulados para serem vividos e, dessa forma, provocarem uma profunda transformação interior.

---

1 Nota do Tradutor: Pico dos Alpes Berneses, na Suíça, com 3.970 metros de altitude.

§

Toda a essência do zen consiste em caminhar sobre o fio da navalha do Agora, em estar tão absolutamente *presente* que nenhum problema, nenhum sofrimento, nada que não seja *quem somos* em essência, possa permanecer em nós. No Agora, na ausência do tempo, todos os nossos problemas se dissolvem. O sofrimento precisa do tempo e não consegue sobreviver no Agora.

O grande mestre zen Rinzai, visando desviar a atenção de seus alunos do tempo, levantava o dedo com frequência e perguntava calmamente: "O que está faltando neste exato momento?" Uma pergunta poderosa, que não requer resposta no plano da mente. É formulada para conduzir uma atenção profunda para o Agora. Outra questão muito usada na tradição zen é: "Se não é agora, então quando?"

§

O Agora é também um ponto central no ensinamento do sufismo, o braço místico do islamismo. Os sufistas têm um ditado que diz: "O sufista é filho do momento presente." E Rumi, o grande poeta e mestre do sufismo, ensina: "Passado e futuro ocultam Deus de nossa vista, ponha fogo em ambos."

Mestre Eckhart, mestre espiritual do século treze, resumiu tudo isso com poucas e belas palavras, ao afirmar: "O que impede a luz de nos alcançar é o tempo. Não há maior obstáculo para Deus do que o tempo."

§

Momentos atrás, quando você falou sobre o eterno presente e a irrealidade do passado e do futuro, peguei-me olhando através da janela para uma determinada árvore. Já a tinha olhado muitas vezes antes, mas agora foi diferente. Não percebi muita diferença na forma externa, exceto que as cores pareciam mais vivas. Mas havia uma dimensão adicional que antes eu não tinha notado. É difícil de explicar. Não sei bem, mas achei ter percebido alguma coisa invisível, como se fosse a essência daquela árvore, ou melhor, um espírito interior. E, de alguma forma, era como se eu fosse parte dela. Percebo, agora, que nunca tinha visto de fato a árvore, apenas uma imagem plana e morta. Quando olho para a árvore agora, parte daquela impressão ainda permanece, mas posso sentir que ela está desaparecendo. A experiência já está parecendo algo do passado. Será que alguma coisa como essa pode ser considerada mais do que um vislumbre passageiro?

Por um instante, você se libertou do tempo. Ao se concentrar no presente, pôde perceber a árvore sem o enquadramento da mente. A consciência do Ser tornou-se parte da sua percepção. Suprimir a dimensão do tempo faz surgir um tipo diferente de conhecimento, que não "mata" o espírito que mora dentro de cada criatura e de cada coisa. Um conhecimento que não destrói o aspecto sagrado nem o mistério da vida, e que contém um amor e uma reverência profundos por tudo o que é. Um conhecimento sobre o qual a mente nada sabe.

A mente não pode conhecer a árvore. O que ela conhece são apenas fatos ou informações *sobre* a árvore. A minha mente não pode conhecer *você*, só rótulos, julgamentos, fatos e opiniões *sobre* você. Só o Ser conhece diretamente.

Há um lugar para a mente e para o conhecimento da mente. Situa-se na prática do dia a dia. Entretanto, quando a mente domina todos os aspectos da nossa vida, incluindo as relações com as outras pessoas e com a natureza, transforma-se em um parasita monstruoso que, se não for reprimido, pode acabar matando todo o tipo de vida no planeta e, finalmente a si mesmo, ao matar quem o hospeda.

Você teve uma breve visão de como a ausência do tempo pode transformar nossa percepção. Mas não basta uma experiência, não importa quão linda ou profunda ela seja. O que é necessário, e o que nos interessa, é uma mudança definitiva na consciência.

Portanto, rompa com o velho padrão de negação e resistência ao momento presente. Torne uma prática desviar a atenção do passado e do futuro, afaste-se da dimensão do tempo na vida diária, tanto quanto possível. Se você achar difícil entrar diretamente no Agora, comece observando como a sua mente tende a fugir do Agora. Vai notar que costumamos imaginar o futuro como algo melhor ou pior do que o presente. Imaginar um futuro melhor nos traz esperança e uma antecipação do prazer. Imaginá-lo pior nos traz ansiedade. Ambos os casos são ilusões. Ao observarmos a nós mesmos, um maior grau de *presença* surge automaticamente em nossas vidas. No momento em que percebemos que não *estamos* presentes, estamos presentes. Sempre que formos capazes de observar nossas mentes, deixamos de estar aprisionados. Um outro fator surgiu, algo que não pertence à mente: a presença observadora.

Esteja presente como alguém que observa a mente e examine seus pensamentos, suas emoções, assim como suas reações em diferentes circunstâncias. Concentre seu interesse não só nas reações, mas também na situação ou na pessoa que leva você a reagir. Perceba também com que frequência a sua atenção está no passado ou no futuro. Não julgue nem analise o que você observa. Preste atenção ao pensamento, sinta a emoção, observe a reação. Não veja nada como um problema pessoal. Sentirá então algo muito mais poderoso do que todas aquelas outras coisas que você observa, uma presença serena e observadora por trás do conteúdo da sua mente: o observador silencioso.

Uma presença intensa se faz necessária quando certas situações provocam uma reação de grande carga emocional, como, por exemplo, no momento em que acontece uma ameaça à nossa autoimagem, um desafio na vida que nos causa medo, quando as coisas "vão mal" ou quando um complexo emocional do passado vem à tona. Nessas situações, tendemos a nos tornar "inconscientes". A reação ou a emoção nos domina, "passamos a ser" ela. Passamos a agir como ela. Arranjamos uma justificativa, erramos, agredimos, defendemos... só que não somos nós e sim uma reação padronizada, a mente em seu modo habitual de sobrevivência.

Identificar-se com a mente dá a ela mais energia, enquanto observar a mente retira a sua energia. Identificar-se com a mente gera mais tempo, enquanto observar a mente revela a dimensão do infinito. A energia retirada da mente se transforma em presença. No momento em que conseguimos sentir o que significa estar presente, fica muito mais fácil escolher simplesmente escapar da dimensão do tempo e entrar mais profundamente no Agora. Isso não prejudica nossa capacidade de usar o tempo – passado ou futuro – quando precisamos nos referir a ele em termos práticos. Nem prejudica nossa capacidade de usar a mente. Na verdade, estar presente aumenta nossa capacidade. Quando você usar a mente de verdade, ela estará mais alerta, mais focalizada.

ABANDONANDO O TEMPO PSICOLÓGICO

Aprenda a usar o tempo nos aspectos práticos da sua vida – podemos chamar de "tempo do relógio" –, mas retorne imediatamente para perceber o momento presente tão logo esses assuntos práticos tenham sido resolvidos. Assim, não haverá acúmulo do "tempo psicológico", que é a identificação com o passado e a projeção compulsiva e contínua no futuro.

O tempo do relógio não diz respeito apenas a marcar um compromisso ou programar uma viagem. Inclui aprender com o passado, para não repetir os mesmos erros indefinidamente. Estabelecer objetivos e trabalhar para alcançá-los. Predizer o futuro através de padrões e leis, que podem ser físicas, matemáticas, etc. Aprender com o passado e adotar as ações apropriadas com base em nossos prognósticos.

Mas, mesmo aqui, no âmbito da vida prática, onde não podemos agir sem uma referência ao passado ou ao futuro, o momento presente permanece como um fator essencial, porque qualquer ação do passado é relevante e se aplica ao *agora*. E planejar ou trabalhar para atingir um determinado objetivo é feito *agora*.

O principal foco de atenção das pessoas iluminadas é sempre o Agora, embora elas tenham uma noção relativa do tempo. Em outras palavras, continuam a usar o tempo do relógio, mas estão livres do tempo psicológico.

Esteja alerta quando praticar isso, para que você, sem querer, não transforme o tempo do relógio em tempo psicológico. Por exemplo, se você cometeu um erro no passado e só agora aprendeu com ele, está utilizando o tempo do relógio. Por outro lado, se você considerar isso mentalmente e daí resultar uma autocrítica, um sentimento de remorso ou de culpa, então você está transformando o erro em "meu". Ele passou a ser uma parte do seu sentido de eu interior e se transformou em tempo psicológico, que está sempre relacionado a um falso sentido de identidade. A dificuldade em perdoar envolve, necessariamente, uma pesada carga de tempo psicológico.

Se estabelecemos um objetivo e trabalhamos para alcançá-lo, estamos empregando o tempo do relógio. Sabemos bem aonde queremos chegar, mas respeitamos e damos atenção total ao passo que estamos tomando neste momento. Se insistimos demais nesse objetivo, talvez porque estejamos em busca de felicidade, satisfação ou de um sentido mais completo do eu interior, deixamos de respeitar o Agora. E ele é reduzido a um mero degrau para o futuro, sem nenhum valor intrínseco. O tempo do relógio se transforma então em tempo psicológico. Nossa jornada deixa de ser uma aventura e passa a ser encarada como uma necessidade obsessiva de chegar, de possuir, de "conseguir". Aí, não somos mais capazes de ver nem de sentir as flores pelo caminho, nem de perceber a beleza e o milagre da vida que se revela em tudo ao redor, como acontece quando estamos presentes no Agora.

§

Consigo ver a importância suprema do Agora, mas não posso concordar quando você diz que o tempo é uma completa ilusão.

Quando afirmo que "o tempo é uma ilusão", não tenho a intenção de fazer nenhuma afirmação filosófica. Estou apenas chamando a atenção para um fato simples, algo tão óbvio que você pode achar difícil de entender e até mesmo considerar sem sentido. Mas perceber isso será como cortar com uma espada todas as camadas de "problemas" criadas pela mente. Repito que o momento presente é tudo o que temos. Nunca há um tempo em que a nossa vida não é "este momento". Não é verdade?

Não teremos qualquer dúvida de que o tempo psicológico é uma doença mental se olharmos para as suas manifestações coletivas. Elas ocorrem, por exemplo, na forma de ideologias como o comunismo, o nacional-socialismo ou qualquer nacionalismo, ou de sistemas rígidos de crenças religiosas, que atuam na suposição implícita de que o bem maior repousa no futuro e que, portanto, o fim justifica os meios. O fim é uma ideia, um ponto na mente projetado no futuro, quando a salvação, sob a forma de felicidade, satisfação, igualdade, libertação, etc., será alcançada. Muitas vezes, os meios para atingir o fim são a escravidão, a tortura e o assassinato de pessoas no presente.

Por exemplo, estima-se que cerca de cinquenta milhões de pessoas foram assassinadas para promover a causa do comunismo e levar a um "mundo melhor" na Rússia, na China e em outros países.[2] Esse é um exemplo terrível de como uma crença em um paraíso no futuro cria um inferno no presente. Resta alguma dúvida de que o tempo psicológico é uma doença mental séria e perigosa?

De que forma esse padrão mental opera em *sua* vida? Você está sempre tentando chegar a algum outro lugar além daquele onde você está? A maior parte do que você *faz* é apenas um meio para alcançar um determinado fim? A satisfação está sempre em outro lugar ou restrita a breves prazeres como sexo, comida, bebida e drogas, ou relacionada a uma emoção ou excitação? Você está sempre pensando em vir a ser, adquirir, alcançar ou, em vez disso, está à caça de novas emoções e prazeres? Você acha que, quanto mais bens adquirir, uma pessoa se sentirá melhor ou

---

[2] Brzenzinski, Z. *The Grand Failure.* Nova York: Charles Scribner's Sons, 1989. p. 239-40.

psicologicamente completa? Está à espera de um homem ou de uma mulher que dê um sentido à sua vida?

No estado normal de consciência, o poder e o infinito potencial criativo do Agora estão completamente encobertos pelo tempo psicológico. Nossa vida perde a vibração, o frescor, o sentido de encantamento. Os velhos padrões de pensamento, emoção, comportamento, reação e desejo são encenados repetidas vezes, como um roteiro dentro da nossa mente que nos dá uma identidade, mas distorce ou encobre a realidade do Agora. A mente, então, desenvolve uma obsessão pelo futuro, buscando fugir de um presente insatisfatório.

A NEGATIVIDADE E O SOFRIMENTO TÊM RAÍZES NO TEMPO

Mas acreditar que o futuro será melhor do que o presente nem sempre é uma ilusão. O presente pode ser terrível e as coisas podem melhorar no futuro, e muitas vezes melhoram.

O futuro, geralmente, é uma réplica do passado. É possível haver mudanças superficiais, mas as transformações *reais* são raras e dependem da possibilidade de estarmos presentes para dissolver o passado, acessando o poder do Agora. O que percebemos como futuro é uma parte intrínseca do nosso estado de consciência do momento. Se a nossa mente carrega um grande fardo do passado, vamos sentir isso. O passado se perpetua pela falta de presença. O que dá forma ao futuro é a qualidade da nossa percepção do momento presente, e o futuro, é claro, só pode ser vivenciado como presente.

Podemos ganhar 10 milhões de reais, mas esse tipo de mudança é apenas superficial. Vamos simplesmente continuar a representar os mesmos padrões condicionados, em ambientes mais luxuosos. Os seres humanos aprenderam a dividir o átomo. Em vez de matar dez ou vinte pessoas com um porrete de madeira, uma pessoa agora pode matar um milhão delas com um simples apertar de um botão. Será que isso é uma mudança *real?*

Se é a qualidade da nossa percepção neste momento que determina o futuro, então o que é que determina a qualidade da nossa consciência? O nosso grau de presença. Portanto, o único lugar onde pode ocorrer uma mudança verdadeira e onde o passado pode se dissolver é no Agora.

§

Toda a negatividade é causada pelo acúmulo de tempo psicológico e pela negação do presente. O desconforto, a ansiedade, a tensão, o estresse, a preocupação, todas essas formas de medo são causadas por excesso de futuro e pouca presença. A culpa, o arrependimento, o ressentimento, a injustiça, a tristeza, a amargura, todas as formas de incapacidade de perdão são causadas por excesso do passado e pouca presença.

Muitos acham difícil acreditar na possibilidade de existir um estado de consciência absolutamente livre de toda a negatividade. E até o momento, esse é o estado de liberdade para o qual apontam todos os ensinamentos espirituais. É a promessa da salvação, não em um futuro ilusório, mas bem aqui e agora.

Talvez seja difícil reconhecer que o tempo é a causa do nosso sofrimento ou de nossos problemas. Acreditamos que eles são causados por situações específicas em nossas vidas, e, de um ponto de vista convencional, isso é uma verdade. Mas enquanto não lidarmos com a disfunção básica da mente – o apego ao passado e ao futuro e a negação do presente –, os problemas apenas mudam de figura. Se todos os nossos problemas, ou causas identificadas de sofrimento ou infelicidade, fossem milagrosamente solucionados no dia de hoje, sem que nos tornássemos mais presentes e mais conscientes, logo nos veríamos com um outro conjunto de problemas ou causas de sofrimento semelhantes, como uma sombra que nos seguisse aonde quer que fôssemos. Em última análise, o único problema é a própria mente limitada pelo tempo.

Não posso acreditar que algum dia venha a alcançar um ponto onde eu esteja completamente livre de problemas.

Você tem razão. Você nunca poderá *alcançar* esse ponto porque você *está* nesse ponto *agora*.

Não há salvação dentro do tempo. Você não pode se libertar no futuro. A presença é a chave para a liberdade. Portanto, você só pode ser livre agora.

DESCOBRINDO A VIDA POR BAIXO DA SITUAÇÃO DE VIDA

Não vejo como ser livre agora. Estou extremamente infeliz com a minha vida neste momento. Isso é um fato, e eu estaria me iludindo se tentasse me convencer de que tudo está bem, quando não está. Para mim, o presente é triste e nada libertador. O que me faz prosseguir é a esperança de um futuro melhor.

Você pensa que a sua atenção está no momento presente quando, na verdade, está totalmente envolvida pelo tempo. Você não pode estar infeliz *e* completamente presente no Agora ao mesmo tempo.

Aquilo a que nos referimos como vida deveria ser chamado, mais precisamente, de "situação de vida". É o tempo psicológico, passado e futuro. Certas coisas do passado não seguiram o caminho que queríamos. Ainda resistimos ao que aconteceu no passado e agora estamos resistindo ao que *é*. A esperança nos leva a prosseguir, mas a esperança nos mantém focalizados no futuro, e esse foco contínuo perpetua a negação do Agora e, portanto, a nossa infelicidade.

É verdade que a situação atual da minha vida é o resultado de coisas que aconteceram no passado, mas ainda assim é a minha situação atual, e estar preso a ela é o que me faz infeliz.

Esqueça a situação da sua vida por um instante e preste atenção à sua vida.

Qual é a diferença?

A nossa situação de vida existe no tempo.

Nossa vida é agora.

Nossa situação de vida é coisa da mente.

Nossa vida é real.

Encontre o "portão estreito que conduz à vida". Ele é chamado de Agora. Restrinja a sua vida a este exato momento. Sua situação de vida pode estar cheia de problemas – a maioria das situações de vida está –, mas verifique se você tem algum problema neste exato momento. Não amanhã ou dentro de dez minutos, mas já. Você tem um problema agora?

Quando estamos cheios de problemas, não há espaço para nada novo entrar, nenhum espaço para uma solução. Portanto, sempre que você puder, crie algum espaço de modo a encontrar a vida sob a sua situação de vida.

Utilize os seus sentidos plenamente. Esteja onde você está. Olhe em volta. Apenas olhe, não interprete. Veja as luzes, as formas, as cores, as texturas. Esteja consciente da presença silenciosa de cada objeto. Esteja consciente do espaço que permite cada coisa existir. Ouça os sons, não os julgue. Ouça o silêncio por trás dos sons. Toque alguma coisa, qualquer coisa. Sinta e reconheça o Ser dentro dela. Observe o ritmo da sua respiração. Sinta o ar fluindo para dentro e para fora. Sinta a energia vital dentro do seu corpo. Permita que as coisas aconteçam, no interior e no exterior. Deixe que todas as coisas "sejam". Mova-se profundamente para dentro do Agora.

Você está deixando para trás o agonizante mundo da abstração mental e do tempo. Está se libertando da mente doentia que suga a sua energia vital, do mesmo modo que, lentamente, ela está envenenando e destruindo a Terra. Você está acordando do sonho do tempo e entrando no presente.

§

TODOS OS PROBLEMAS SÃO ILUSÕES DA MENTE

É como se um grande peso tivesse sido tirado dos meus ombros. Sinto-me leve... mas os problemas ainda estão lá me esperando, não estão? Ainda não foram resolvidos. Será que não os estou evitando apenas temporariamente?

Se você estivesse no paraíso, sua mente não demoraria a encontrar algum problema. Não se trata, basicamente, de solucionar seus problemas. Trata-se de perceber que não *existem* problemas. Apenas situações com que temos de lidar agora ou deixar de lado e aceitar como uma parte do "ser" neste momento, até que se transformem ou *possam* ser negociadas. Os problemas são criados pela mente e precisam de tempo para sobreviver. Eles não conseguem sobreviver na atualidade do agora.

Focalize sua atenção no Agora e verifique quais são os seus problemas neste exato momento.

§

Não estou obtendo uma resposta porque é impossível termos problemas quando toda a nossa atenção está inteira no Agora. Pode ser que haja uma ou outra situação que você precise resolver ou aceitar. Por que transformar isso em problema? Por que transformar tudo em problema? A vida já não é bastante desafiadora do jeito que é? Para que precisamos de problemas? A mente, inconscientemente, adora problemas porque eles podem ser de vários tipos. Isso é normal e doentio. A palavra "problema" significa que estamos lidando mentalmente com uma situação, sem que exista um propósito real ou uma possibilidade de agir no momento, e também que estamos inconscientemente fazendo dele uma parte do nosso sentido de eu interior. Ficamos tão sobrecarregados pela nossa situação de vida que perdemos o sentido da vida, ou do Ser. Ou então vamos carregando na mente o peso insano de uma centena de coisas que iremos fazer ou poderemos ter de fazer no futuro, em vez de focalizarmos a atenção sobre uma coisa que *podemos* fazer agora.

Quando criamos um problema, criamos sofrimento. Por isso, é preciso tomar uma decisão simples: não importa o que aconteça, não vou criar mais sofrimento nem problemas para mim. É uma escolha simples, mas radical. Ninguém faz uma escolha dessas a menos que esteja verdadeiramente sufocado pelo sofrimento. E não se consegue levar esse tipo de decisão adiante a não ser acessando o poder do Agora. Se não criar mais sofrimento para si mesmo, você não criará também para os outros. Deixará, assim, de contaminar nosso lindo planeta, seu próprio espaço interior e a psique humana coletiva com a negatividade da criação de problemas.

§

Se você alguma vez esteve numa situação de emergência, de vida ou morte, saberá que isso não foi um problema. A mente não teve *tempo* para se distrair e transformar a situação em problema. Numa emergência de verdade, a mente para. Ficamos absolutamente presentes no Agora, e algo infinitamente mais poderoso passa a dominar. Essa é a razão pela qual existem inúmeros relatos de pessoas comuns que, de uma hora para outra, tornaram-se capazes de façanhas incrivelmente corajosas. Numa situação de emergência, ou você sobrevive ou morre. Em qualquer dos casos, não é um problema.

Algumas pessoas ficam furiosas quando me ouvem dizer que os problemas são ilusões. É que estou ameaçando afastar delas a imagem que têm de si próprias. Elas investiram muito tempo num falso sentido de eu interior. Durante muitos anos, definiram inconscientemente suas identidades de acordo com os problemas que tiveram. Quem seriam sem eles?

Uma grande porção do que as pessoas dizem, pensam ou fazem é, na verdade, motivada pelo medo, que está sempre ligado com o foco no futuro e com o estar fora de contato com o Agora. Se não existirem problemas no Agora, não existirá o medo.

Caso apareça uma situação com a qual você precise lidar agora, a sua ação vai ser clara e objetiva, se conseguir perceber o momento presente. Tem muito mais chances de dar certo. Não será uma reação vinda do condicionamento da sua mente no passado, mas sim uma resposta intuitiva à situação. Em situações em que a mente teria reagido, você vai achar mais eficaz não fazer nada. Fique só centrado no Agora.

UM SALTO QUÂNTICO NA EVOLUÇÃO DA CONSCIÊNCIA

Tive breves lampejos desse estado de liberdade da mente e do tempo que você descreveu, mas o passado e o futuro são tão fortes que não consigo mantê-los afastados por muito tempo.

O modelo da consciência condicionada pelo tempo está profundamente enraizado na psique humana. Mas o que estamos fazendo aqui é parte de uma profunda mudança que está se formando na consciência coletiva do planeta e ainda mais: o despertar da consciência dissociada do sonho da matéria, da forma e da separação. O fim do tempo. Estamos rompendo com padrões mentais que dominaram a vida humana por eras. Padrões mentais que criaram um sofrimento inimaginável, em larga escala. Não estou empregando a palavra demônio. É mais útil chamar de inconsciência ou insanidade.

Essa ruptura com o antigo modelo de consciência, ou melhor, inconsciência, é algo que temos de fazer ou vai acontecer de qualquer maneira? Em outras palavras, essa mudança é inevitável?

É uma questão de perspectiva. O fazer e o acontecer são, na verdade, um processo único. Como somos únicos e formamos um todo com a consciência, não podemos separar os dois. Mas não há uma garantia absoluta de que os seres humanos vão conseguir. O processo não é inevitável nem automático. Nossa cooperação é uma parte essencial do processo. Independentemente de como você o veja, trata-se de um importante salto na evolução da consciência, assim como a nossa única chance de sobreviver como raça.

A ALEGRIA DO SER

Para demonstrar como você se deixou dominar pelo tempo psicológico, experimente usar o critério de se perguntar se existe alegria, naturalidade e leveza no que você está fazendo. Se não existir, é porque o tempo está encobrindo o momento presente e a vida está sendo percebida como um encargo ou uma luta.

A ausência de alegria, naturalidade ou leveza no que estamos fazendo não significa, necessariamente, que precisemos mudar o *que* estamos fazendo. Talvez baste mudarmos o *como*. "Como" é sempre mais importante do que "o que". Verifique se você pode dar muito mais atenção ao *fazer* do que ao resultado desejado através do fazer. Dê a sua inteira atenção para o que quer que o momento apresente. Isso implica que você aceitou totalmente o que *é*, porque não se pode dar atenção completa a alguma coisa e, ao mesmo tempo, resistir a ela.

Ao respeitarmos o momento presente, toda a luta e a infelicidade se dissolvem e a vida começa a fluir com alegria e naturalidade. Ao agirmos com a consciência do momento presente, tudo o que fizermos virá com um sentido de qualidade, cuidado e amor, mesmo a mais simples ação.

Portanto, não se preocupe com o resultado da sua ação, basta dar atenção à ação em si. O resultado surgirá espontaneamente. Essa é uma valiosa prática espiritual. No *Bhagavad Gita*, um dos mais antigos e mais belos ensinamentos espirituais que existem, o desapego ao resultado da ação é chamado Karma Yoga. É descrito como o caminho da "ação santificada".

Ao fim dessa luta compulsiva contra o Agora, a alegria do Ser passa a fluir em tudo o que fazemos. No momento em que a nossa atenção se volta para o Agora, percebemos uma presença, uma serenidade, uma paz. Não dependemos mais do futuro para obtermos plenitude e satisfação, não o olhamos mais como salvação. Consequentemente, não estamos mais presos aos resultados. Nem o fracasso nem o sucesso têm o poder de alterar o estado interior do Ser. Você acabou de encontrar a vida sob a situação de vida.

Na ausência do tempo psicológico, o nosso sentido do eu interior provém do Ser, não do nosso passado pessoal. Assim, desaparece a necessidade psicológica de nos tornarmos uma outra pessoa diferente de quem já somos. No mundo, levando em conta a situação de vida, podemos nos tornar ricos, conhecidos, bem-sucedidos, livres disso ou daquilo, mas, na dimensão mais profunda do Ser, estamos completos e inteiros *agora*.

Nesse estado de plenitude, ainda teríamos capacidade ou vontade de alcançar os objetivos externos?

Claro que sim, mas sem as expectativas ilusórias de que uma coisa ou alguém no futuro irá nos salvar ou nos fazer felizes. No que diz respeito à situação de vida, podem existir coisas a serem alcançadas ou adquiridas. Vivemos no mundo da forma, dos lucros e das perdas. Mas, em um nível mais profundo, já estamos completos, e quando percebemos isso, tudo o que fizermos será impulsionado por uma energia alegre e jovial. Estando livre do tempo psicológico, não perseguimos mais os objetivos com uma determinação implacável, movida pelo medo, pela raiva, pelo descontentamento ou pela necessidade de nos tornarmos alguém. Nem permanecemos imóveis com medo de falhar. Quando o nosso sentido profundo do eu interior é derivado do Ser, quando nos livramos do "tornar-se" como uma necessidade psicológica, nem a nossa felicidade nem o nosso sentido do eu interior dependem do resultado e, assim, nos libertamos do medo. Não buscamos permanência onde ela não pode ser encontrada, ou seja, no mundo da forma, dos lucros e das perdas, do nascimento e da morte. Nem esperamos que situações, condições, lugares ou pessoas nos tragam felicidade, só para depois nos causarem sofrimento, quando nossas expectativas não forem correspondidas.

Tudo inspira respeito, mas nada importa. As formas nascem e morrem, ainda que estejamos conscientes de uma eternidade subjacente às formas. Sabemos que "nada de verdade pode ser ameaçado".[3]

Quando este é o seu estado de Ser, como é possível não alcançar o sucesso? Você já o alcançou.

---

[3] *Um curso em milagres*. Foundation For Inner Peace. 1992.

capítulo quatro

ESTRATÉGIAS DA MENTE PARA EVITAR O AGORA

A PERDA DO AGORA: A ILUSÃO CENTRAL

Mesmo que eu aceite que o tempo é uma ilusão, que diferença isso fará na minha vida? Tenho que continuar a viver em um mundo absolutamente dominado pelo tempo.

O entendimento intelectual é apenas mais uma crença e não vai fazer muita diferença para a nossa vida. Para perceber essa verdade temos que vivenciá-la. Quando cada célula do nosso corpo está tão presente que vibra com a vida, e quando conseguimos sentir essa vida a cada momento como a alegria do Ser, podemos dizer que estamos livres do tempo.

Mas ainda tenho de pagar as contas e sei que vou envelhecer e morrer, exatamente como todas as pessoas. Como posso dizer que estou livre do tempo?

As contas de amanhã não são um problema. A degeneração do corpo não é um problema. A perda do Agora é o problema, ou melhor, a ilusão central que transforma uma situação simples, um acontecimento ou uma emoção em um problema pessoal e em sofrimento. Perder o Agora é perder o Ser.

Livrar-se do tempo é livrar-se da necessidade psicológica tanto do passado quanto do futuro. Isso representa a mais profunda transformação de consciência que você possa imaginar. Em casos muito raros, essa mudança na consciência acontece de forma drástica e radical, de uma vez por todas. Quando isso acontece, normalmente é através de uma completa rendição, em meio a um sofrimento intenso. Muitas pessoas, entretanto, têm de trabalhar para obtê-la.

Depois dos primeiros vislumbres do estado atemporal de consciência, passamos a viver em um vaivém entre a dimensão do tempo e a presença. Primeiro, você começa a perceber que a sua atenção raramente está no Agora. Entretanto, *saber* que você *não* está presente já é um grande sucesso. O simples saber já *é* presença – mesmo que, no início, dure só alguns segundos no tempo do relógio antes de desaparecer outra vez. Depois, com uma frequência cada vez maior, você *escolhe* dirigir o foco da consciência para o momento presente. Você se torna capaz de ficar presente por períodos mais longos. Portanto, antes que sejamos capazes de nos estabelecer com firmeza no estado de presença, oscilamos, periodicamente, de um lado para o outro, entre a consciência e a inconsciência, entre o estado de presença e o estado de identificação com a mente. Perdemos o Agora várias vezes, mas retornamos a ele. Por fim, a presença se torna o estado predominante.

A maioria das pessoas nunca vivencia a presença. Ela acontece apenas de modo breve e acidental, em raras ocasiões, sem ser reconhecida pelo que é. Muitos seres humanos não se alternam entre a consciência e a inconsciência, mas somente entre diferentes níveis de inconsciência.

A INCONSCIÊNCIA COMUM E A INCONSCIÊNCIA PROFUNDA

O que você quer dizer com diferentes níveis de inconsciência?

Como você provavelmente sabe, o ser humano se desloca constantemente entre fases do sono em que sonha e que não sonha.

Da mesma forma, a maioria das pessoas, quando acordada, se alterna entre a inconsciência comum e a inconsciência profunda. Chamo de inconsciência comum essa identificação com os nossos processos de pensamentos e emoções, nossas reações, desejos e aversões. É o estado normal da maioria das pessoas. Nesse estado, somos governados pela mente e não temos consciência do Ser. Não se trata de um estado de sofrimento agudo ou de infelicidade, mas de um nível baixo e contínuo de desconforto, descontentamento, enfado ou nervosismo, como uma espécie de estática ao fundo. Talvez você não perceba muito bem essa situação porque ela já faz parte da nossa vida "normal", da mesma forma que você não percebe um barulho contínuo ao fundo, como o zumbido do ar-condicionado, até ele parar. Quando isso acontece de repente, ocorre uma sensação de alívio. Muitas pessoas usam a bebida, as drogas, o sexo, a comida, o trabalho, a televisão, ou até mesmo o ato de fazer compras como anestésicos, em uma tentativa inconsciente para acabar com esse desconforto básico. Quando isso acontece, uma atividade que poderia ser muito agradável, se feita com moderação, passa a ter um componente de compulsão ou dependência, e tudo o que se obtém sob essa influência traz uma sensação de alívio por um período extremamente curto.

A sensação de desconforto da inconsciência comum se transforma no sofrimento da inconsciência profunda, ou seja, um estado de sofrimento ou infelicidade mais agudo e mais perceptível quando as coisas "vão mal", quando o ego é ameaçado ou quando existe um desafio maior, tal como uma perda real ou imaginária em nossa situação de vida, ou um conflito numa relação. A inconsciência profunda é uma versão ampliada da inconsciência comum, da qual difere na intensidade, mas não na espécie.

Na inconsciência comum, uma resistência habitual ou uma negação daquilo que é cria um desconforto que a maioria das pessoas aceita como algo normal. Quando essa resistência se intensifica através de algum desafio ou ameaça ao ego, faz aflorar uma negatividade intensa que se manifesta sob a forma de raiva, medo profundo, agressão, depressão, etc. A inconsciência profunda significa, com frequência, que o sofrimento começou e que você passou a se identificar com ele. A violência física não aconteceria sem o estado de inconsciência profunda. Ela pode explodir com facilidade quando as pessoas geram um campo coletivo de energia negativa.

O melhor indicador do nível de consciência é a maneira como você lida com os desafios da vida. É através desses desafios que uma pessoa já inconsciente tende a se tornar mais profundamente inconsciente, e uma pessoa consciente a se tornar mais intensamente consciente. Podemos nos valer de um desafio para nos acordar ou para permitir que ele nos empurre para um sono ainda mais profundo. O sonho no nível da inconsciência comum se transforma, então, em pesadelo.

Se você não consegue estar presente mesmo em situações normais, como, por exemplo, quando está sozinho em uma sala, caminhando no campo ou ouvindo alguém, certamente não será capaz de permanecer consciente quando alguma coisa "vai mal". Será dominado por uma reação, que é sempre, em última análise, alguma forma de medo, e empurrado para uma inconsciência profunda. Esses desafios são os seus testes. Só o modo como você lida com eles lhe mostrará onde você está no que se refere ao seu estado de consciência, e não a quantidade de horas que você consegue ficar sentado com os olhos fechados.

Portanto, é fundamental colocar mais consciência em sua vida durante as situações comuns, quando tudo está correndo de modo relativamente tranquilo. É assim que se aumenta o poder de presença. Ele gera um campo energético de alta frequência vibracional em você e ao seu redor. Nenhuma inconsciência, nenhuma negatividade, nenhuma discórdia ou violência pode penetrar nesse campo e sobreviver, do mesmo modo que a escuridão não consegue sobreviver na presença da luz.

O QUE ELES ESTÃO BUSCANDO?

Carl Jung relata, em um de seus livros, uma conversa mantida com um chefe indígena norte-americano para quem a maioria das pessoas brancas tinha rostos tensos, olhos espantados e um ar cruel. O chefe disse: "Estão sempre buscando alguma coisa. O que eles estão procurando? Os brancos sempre querem alguma coisa. Estão sempre agitados e descontentes. Não sabemos o que desejam. Achamos que são loucos."

Não há dúvidas de que a tendência a uma permanente sensação de desconforto começou muito antes do surgimento da civilização industrial ocidental, mas foi na civilização ocidental, que hoje cobre quase todo o planeta, inclusive grande parte do Leste, que ela se manifestou de uma forma aguda sem precedentes. Ela já estava presente no tempo de Jesus e também seiscentos anos antes, no tempo de Buda, e muito antes desse tempo. "Por que vocês estão sempre ansiosos?", Jesus perguntou aos discípulos. "Será que os seus pensamentos ansiosos podem acrescentar um simples dia às vossas vidas?" Da mesma forma, Buda ensinou que a raiz do sofrimento pode ser encontrada em nossos desejos e ansiedades permanentes.

A resistência ao Agora como uma disfunção básica coletiva está intimamente ligada à perda da consciência do Ser e forma a base da nossa civilização industrial desumanizada. Freud também reconheceu a existência dessa tendência para o desconforto e escreveu sobre o assunto em seu livro *O Mal-Estar na Civilização*, mas não admitiu a verdadeira raiz da inquietação e falhou em perceber que é possível libertar-se dela. Essa disfunção coletiva criou uma civilização muito infeliz e extraordinariamente violenta, que se tornou uma ameaça não só para si mesma, mas para toda a vida do planeta.

DISSOLVENDO A INCONSCIÊNCIA COMUM

Como podemos nos livrar desse desconforto?

Torne-o consciente. Observe as muitas maneiras pelas quais o desconforto, o descontentamento e a tensão surgem dentro de você, através de julgamentos desnecessários, resistência àquilo que *é* e negação do Agora. Qualquer coisa inconsciente se dissolve quando a luz da consciência brilha sobre ela. Se soubermos como dissolver a inconsciência comum, a luz da nossa presença irá brilhar intensamente e será muito mais fácil lidarmos com a inconsciência profunda. Mas, no início, talvez não seja muito fácil detectar a inconsciência comum porque a consideramos uma coisa normal.

Habitue-se a monitorar o seu estado mental e emocional através de uma auto-observação. "Estou me sentindo à vontade nesse momento?" é uma pergunta que você deve se fazer com frequência. Ou pode se questionar: "O que está acontecendo dentro de mim neste exato momento?" Mantenha o mesmo nível de interesse pelo que vai tanto no seu interior quanto no exterior. Se você captar corretamente o interior, o exterior se encaixará no lugar. A realidade principal está no interior, a realidade externa é secundária. Mas não responda logo a essas questões. Direcione a sua atenção para o interior. Olhe para dentro de você. Que tipo de pensamentos a sua mente está produzindo? O que você sente? Dirija a atenção para o seu corpo. Existe alguma tensão? Quando você perceber um certo desconforto, um ruído estático ao fundo, verifique que caminhos você está usando para evitar, resistir ou negar a vida, o Agora. Existem muitos caminhos pelos quais resistimos, inconscientemente, ao momento presente. Vou dar alguns exemplos. Com a prática, o seu poder de auto-observação, de monitorar o seu estado interior, se tornará mais aguçado.

LIBERTANDO-SE DA INFELICIDADE

Você não está satisfeito com as atividades que desempenha? Talvez não goste de seu trabalho ou tenha se aborrecido por ter concordado em fazer alguma coisa, embora parte de você não goste e ofereça resistência. Tem algum ressentimento oculto em relação a alguém próximo a você? Percebe que a energia que você desprende por conta disso tem efeitos tão prejudiciais que você está contaminando a si mesmo e aos que estão ao seu redor? Dê uma boa olhada dentro de você. Existe algum leve traço de ressentimento ou má vontade? Se existe, observe-o, tanto no nível mental quanto no emocional. Que tipos de pensamento a sua mente está criando em torno dessa situação? Depois, observe a sua emoção, que é a reação do corpo a esses pensamentos. Sinta a emoção. Ela lhe parece agradável ou não? É uma energia que você *escolheria* para ter dentro de você? Você *tem* escolha?

Talvez a atividade *seja* tediosa, ou alguém próximo a você *seja* desonesto, irritante ou inconsciente, mas tudo isso é irrelevante. Não faz a menor diferença se os seus pensamentos e emoções a respeito da situação tenham ou não uma justificativa. O fato é que você está resistindo ao que *é*. Está transformando o momento atual num inimigo. Está criando infelicidade, um conflito entre o interior e o exterior. A sua infelicidade está poluindo não só o seu próprio ser interior e daqueles à sua volta, como também a psique coletiva humana, da qual você é uma parte inseparável. A poluição do planeta é apenas um reflexo externo de uma poluição interior psíquica gerada por milhões de indivíduos inconscientes, sem a menor responsabilidade pelos espaços que trazem dentro de si.

Você pode parar de executar a tarefa que está lhe causando insatisfação, falar com a pessoa envolvida e expressar todos os seus sentimentos, ou livrar-se da negatividade que a sua mente criou em volta da situação e que não serve a nenhum propósito, exceto o de fortalecer um falso sentido do eu interior. É importante reconhecer essa inutilidade. A negatividade nunca é o melhor caminho para lidar com qualquer situação. Na verdade, na maior parte dos casos, ela nos paralisa, bloqueando qualquer mudança verdadeira. Qualquer coisa feita com uma energia negativa será contaminada por ela e dará origem a mais sofrimento. Além disso, qualquer estado interior negativo é contagioso, pois a infelicidade se espalha mais rapidamente do que uma doença física. Pela lei da ressonância, ela detona e alimenta a negatividade latente nos outros, a menos que sejam imunes, quer dizer, altamente conscientes.

Você está poluindo o mundo ou limpando a sujeira? Você é responsável pelo seu espaço interior, da mesma forma que é responsável pelo planeta. Assim no interior, assim no exterior: se os seres humanos limparem a poluição interior, deixarão então de criar a poluição externa.

Como podemos nos livrar da negatividade?

Descartando-a. Como nos livramos de um pedaço de carvão em brasa que está em nossas mãos? Como nos livramos de uma bagagem pesada e inútil que estamos carregando? Reconhecendo que não desejamos mais sofrer nem carregar peso, e deixando-os de lado.

A inconsciência profunda, como o sofrimento físico ou outro sofrimento profundo, como, por exemplo, a perda de uma pessoa amada, quase sempre necessita ser transformada através da aceitação combinada com a luz da presença, ou seja, através de uma atenção constante. Por outro lado, muitos padrões da inconsciência comum podem ser simplesmente descartados ao percebermos que não os queremos mais ou que não precisamos mais deles, que temos uma escolha e que não somos só um feixe de reflexos condicionados. Tudo isso indica que somos capazes de acessar o poder do Agora. Sem ele, não temos escolha.

Ao chamar algumas emoções de negativas, será que você não está criando uma polaridade mental de bom e mau, como mencionou anteriormente?

Não. A polaridade foi criada num estágio anterior, quando sua mente julgou o momento presente como mau. Foi esse julgamento que criou a emoção negativa.

Mas ao chamar algumas emoções de negativas, você não está querendo dizer que elas não deveriam estar ali, que não está certo ter essas emoções? Entendo que deveríamos nos permitir ter qualquer tipo de sentimento, sem julgar se ele é bom ou mau. Não há nada demais em estar com raiva, de mau humor, ou seja lá o que for, do contrário, nos sentiremos reprimidos, em conflito interior ou rejeitados. As coisas estão bem do jeito que são.

Sem dúvida. Quando um padrão mental, uma emoção ou uma reação forem observados, aceite-os. Você não está consciente o bastante para ter uma escolha em relação a esse assunto. Não se trata de um julgamento, apenas de um fato. Se você *tivesse* uma escolha, ou percebesse que, *de fato*, tem uma escolha, escolheria o sofrimento ou a alegria, o conforto ou o desconforto, a paz ou o conflito? Escolheria um pensamento ou um sentimento que separasse você do seu estado natural de bem-estar, da alegria da vida interior? Chamo de negativo a qualquer sentimento dessa natureza, o que significa simplesmente mau. Não no sentido de "você não deveria ter feito isso", mas simplesmente o mau no sentido concreto, como sentir dor de estômago.

Como é possível que os seres humanos tenham assassinado mais de 100 milhões de seus semelhantes apenas no século vinte?[4] Pessoas infligindo um sofrimento de tal magnitude umas às outras está além de qualquer coisa que você possa imaginar. E isso sem considerar a violência física, mental e emocional, a tortura, o sofrimento e a crueldade que os homens continuam a infligir uns aos outros, bem como a outros seres vivos.

Será que agem assim em seu estado natural, em contato com a alegria da vida dentro deles? Claro que não. Somente aqueles que vivem num estado profundamente negativo, que se sentem de fato muito mal, poderiam ver tal realidade como um reflexo do modo como se sentem. No momento, essas pessoas estão empenhadas em destruir a natureza e o planeta que nos sustenta. Isso é inacreditável, mas é verdadeiro. O homem é uma espécie perigosamente insana e doente. Isso não é um julgamento, é um fato. É também um fato que a sanidade *está* lá, por baixo da loucura. A cura e a redenção estão disponíveis neste exato momento.

É verdade que, quando aceita seu ressentimento, o mau humor, a raiva, etc., você não sente mais necessidade de manifestá-los de maneira cega e tem menos chance de projetá-los sobre os outros. Mas eu me pergunto se você não está se iludindo. Quando uma pessoa vem praticando a aceitação por um tempo, como é o

---

4 Sivard, R. L. *World Military and Social Expenditures.* 1996. 16ª edição. Washington, D.C.: World Priorities, 1996. p. 7.

seu caso, chega um ponto em que precisa passar para o estágio seguinte, onde essas emoções negativas não são mais criadas. Se você não passa, a "aceitação" se torna apenas um rótulo mental que permite ao seu ego continuar a ser tolerante com a tristeza e, dessa forma, fortalecer o sentimento de separação das outras pessoas, do seu ambiente, do seu aqui e agora. Como você bem sabe, a separação é a base do sentido de identidade do ego. A aceitação verdadeira poderia transformar tudo de uma vez por todas. E se sabe, bem lá no fundo, que tudo "está bem" como você diz, será que esses pensamentos negativos viriam em primeiro lugar? Se não houver julgamento nem resistência ao que *é*, eles nem surgiriam. A sua mente diz que "tudo está bem", mas no fundo você não acredita nisso, e assim os velhos padrões de resistência mental e emocional ainda estão ali. É isso o que nos faz mal.

Isso também não tem importância.

Você está defendendo o seu direito de ser inconsciente, o seu desejo de sofrer? Não se preocupe, pois ninguém vai lhe tirar esse direito. Ao perceber que um determinado tipo de alimento lhe faz mal, você continuaria a comer aquele alimento e insistiria em afirmar que não se importa em passar mal?

ONDE QUER QUE VOCÊ ESTEJA, ESTEJA POR INTEIRO

Você pode dar outros exemplos da inconsciência comum?

Observe quando estiver reclamando, com palavras ou pensamentos, de uma situação que envolva você – pode ser alguém que fez ou disse algo que lhe aborreceu, algo sobre a sua situação de vida, o lugar onde mora, ou até mesmo o tempo. Reclamar é sempre uma não aceitação de algo que *é*. Essa atitude contém invariavelmente uma carga negativa inconsciente. Quando você reclama, transforma-se em vítima. Quando fala, você está no controle. Portanto, mude a situação agindo ou falando, caso necessário ou possível, ou então fuja da situação ou mesmo aceite-a. Tudo o mais é loucura.

A inconsciência comum é sempre relacionada, de algum modo, com a negação do Agora. O Agora, naturalmente, também implica o aqui. Você está resistindo ao aqui e agora? Algumas pessoas prefeririam estar num outro lugar. O "aqui" delas nunca é suficientemente bom. Observe-se e verifique se isso acontece em sua vida. Onde quer que você esteja, esteja lá por inteiro. Se você acha insuportável o seu aqui e agora e isso lhe faz infeliz, há três opções: abandone a situação, mude-a ou aceite-a totalmente. Se você deseja ter responsabilidade sobre a sua vida, deve escolher uma dessas opções e deve fazê-lo agora. Depois, arque com as consequências. Sem desculpas. Sem negatividade. Sem poluição física. Mantenha limpo o seu espaço interior.

Se você tomar qualquer atitude, abandonando ou mudando a situação, livre-se primeiro da negatividade. Uma atitude originada no discernimento tem mais efeito do que uma originada na negatividade.

Uma atitude qualquer é muitas vezes melhor do que nenhuma atitude, especialmente se há muito tempo você está paralisado numa situação infeliz. Se for uma atitude errada, ao menos você aprenderá alguma coisa, caso em que deixará de ser um erro. Se você não agir, nada aprenderá. Será que o medo está evitando que você tome uma atitude? Admita o medo, observe-o, concentre-se nele, esteja totalmente presente. Isso corta a ligação entre o medo e o pensamento. *Não deixe o medo nascer em sua mente.* Use o poder do Agora. O medo não pode prevalecer sobre ele.

Se não há mesmo nada a fazer e você não pode mudar a situação, então aceite o aqui e agora totalmente, abandonando toda a resistência interior. O falso e infeliz eu interior, que adora sentir-se miserável, ressentido ou com pena de si mesmo, não consegue mais sobreviver. Isso se chama rendição. A rendição não é uma fraqueza. Há uma grande força nela. Somente alguém que se rendeu tem poder espiritual. Através da rendição, você se livrará da situação internamente. É possível que você perceba uma mudança na situação sem que tenham sido necessários maiores esforços da sua parte. De qualquer forma, você está livre.

Ou haverá algo que você "deveria" estar fazendo mas não está? Levante-se e faça agora. Ou, em vez disso, aceite totalmente a sua inatividade, preguiça ou passividade neste momento, se esta é a sua escolha. Mergulhe nela por inteiro. Desfrute-a. Seja tão preguiçoso ou inativo quanto puder. Se você fizer isso conscientemente, logo sairá dela. Ou talvez não. Em qualquer dos casos, não há nenhum conflito interior, nenhuma resistência, nenhuma negatividade.

Você está sofrendo de estresse? Pensa tanto no futuro que o presente está reduzido a um meio para chegar lá? O estresse é causado pelo estar "aqui" embora se deseje estar "lá", ou por se estar no presente desejando estar no futuro. É uma divisão que corta a pessoa por dentro. Criar e viver com essa divisão é insano. O fato de que todas as pessoas estão agindo assim não torna ninguém menos insano. Se você não pode fugir disso, tem de se movimentar rápido, trabalhar rápido, ou até mesmo correr, sem se projetar no futuro e sem resistir ao presente. Quando se movimentar, trabalhar e correr, faça tudo por inteiro. Desfrute o fluxo de energia, a alta energia desse momento. Agora não há mais estresse, não há mais divisão por dois, apenas o movimento, a corrida, o trabalho. Desfrute essas atitudes. Ou você também pode abandonar tudo e se sentar num banco do parque. Mas, ao fazê-lo, observe a sua mente. Pode ser que ela diga: "Você devia estar trabalhando. Está perdendo o seu tempo." Observe a mente. Sorria para ela.

O passado toma uma grande parte da sua atenção? Você frequentemente fala e pensa sobre ele, tanto de forma positiva quanto negativa? As grandes coisas que você conquistou, suas experiências e aventuras, ou as coisas horrorosas que lhe aconteceram, ou talvez que você fez a alguém? Será que seus pensamentos estão gerando culpa, orgulho, ressentimento, raiva, arrependimento ou autopiedade? Então, você está não só dando mais força ao falso eu interior, como também ajudando a acelerar o processo de envelhecimento do seu corpo através da criação de um acúmulo de passado na sua psique. Constate isso observando à sua volta aquelas pessoas que têm uma forte tendência para se apegar ao passado.

Morra para o passado a cada instante. Você não precisa dele. Refira-se a ele apenas quando totalmente relevante para o presente. Sinta o poder do momento presente e a plenitude do Ser. Sinta a sua presença.

§

Você tem preocupações? Tem muitos pensamentos do tipo "e se"? Você está identificado com a mente, que está se projetando num futuro imaginário e criando o medo. Não há como enfrentar tal tipo de situação, porque ela não existe. É um fantasma mental. Você pode parar com essa insanidade que corrói a saúde e a vida aceitando simplesmente o momento presente. Perceba a sua respiração. Sinta o ar entrando e saindo do seu corpo. Sinta o seu campo interno de energia. Tudo com o que você sempre teve que lidar, tudo que teve de enfrentar na vida real, em oposição às projeções imaginárias da mente, é o *momento presente*. Pergunte-se qual é o seu problema neste exato momento, não no ano que vem, ou amanhã ou daqui a cinco minutos. O que está errado neste exato momento? Você pode sempre enfrentar o Agora, mas não pode jamais enfrentar o futuro, nem tem de fazer isso. A resposta, a força, a atitude certa estarão à sua disposição quando você precisar, nem antes, nem depois.

"Algum dia vou fazer isso." Seu objetivo está tomando de tal modo a sua atenção que o momento presente é apenas um meio para atingir um fim? Está consumindo a alegria das coisas que você faz? Você está esperando para começar a viver? Se você desenvolver esse tipo de padrão mental, não importa o que você adquira ou alcance, o presente nunca será bom o bastante. O futuro sempre parecerá melhor. Uma receita perfeita para uma insatisfação permanente, você não acha?

Você está sempre "esperando" alguma coisa? Quanto tempo da sua vida você passou esperando? Chamo "espera de pequena escala" a espera na fila do correio, num engarrafamento de automóveis, no aeroporto, por alguém que vai chegar, um trabalho que precisa ser terminado, etc. Chamo de "espera em grande escala" a espera pelas próximas férias, por um emprego melhor, pelos filhos crescerem, por uma relação verdadeiramente significativa, pelo sucesso, para ficar rico, para ser importante, para se tornar iluminado. Não é raro que as pessoas passem a vida toda esperando para começar a viver.

Esperar é um estado mental. Significa basicamente desejar o futuro e não querer o presente. Você não quer o que conseguiu e deseja aquilo que não conseguiu. Em qualquer dos tipos de espera você, inconscientemente, cria um conflito interior entre o seu aqui e agora, onde você não quer estar, e o futuro projetado, onde você quer estar. Essa situação reduz grandemente a qualidade da sua vida ao fazer você perder o presente.

Não há nada de errado em nos empenharmos para melhorar a nossa situação de vida. Podemos melhorar a situação da nossa vida, mas não podemos melhorar a nossa vida. A vida é básica. A vida é o Ser interior mais profundo. É um todo, completo, perfeito. A nossa situação de vida se constitui das nossas circunstâncias e experiências. Não há nada de errado em estabelecermos metas e nos empenharmos para conseguir bens. O erro reside em usar isso como um substituto para o sentimento da vida, para o Ser. O único ponto de acesso a isso é o Agora. Agimos, assim, como um arquiteto que não dá atenção às fundações de uma construção, mas que gasta um bom tempo trabalhando na superestrutura.

Por exemplo. Muitos de nós estamos à espera da prosperidade. Ela pode não acontecer no futuro. Quando respeitamos, admitimos e aceitamos completamente a realidade do presente – onde estamos, quem somos, o que estamos fazendo agora –, quando aceitamos o que temos, significa que estamos agradecidos pelo que conseguimos, pelo que *é*, pelo Ser. A gratidão pelo momento presente e pela plenitude da *vida atual* é a verdadeira prosperidade. Não está no futuro. Então, no tempo certo, essa prosperidade se manifesta para nós de várias maneiras.

Se você não encontra satisfação nas coisas que possui, se tem um sentimento de frustração ou de aborrecimento por não ter tudo o que quer no presente, isso pode levá-lo a querer enriquecer, mas, mesmo que consiga milhões, continuará a ter uma sensação de que falta alguma coisa. Talvez o dinheiro lhe compre muitas experiências excitantes, embora passageiras, deixando sempre uma sensação de vazio e estimulando uma necessidade de gratificação física ou psicológica ainda maior. Você não vai se conformar em simplesmente Ser e, assim, sentir a plenitude da vida agora – a verdadeira prosperidade.

Portanto, desista da espera como um estado da mente. Quando você se vir escorregando para a espera... pule fora. Venha para o momento presente. Apenas seja e aprecie ser. Quando estamos presentes, nunca precisamos esperar por nada. Portanto, da próxima vez que alguém disser "desculpe por ter feito você esperar", sua resposta pode ser: "Está tudo bem, não estava esperando. Estava aqui contente comigo, com meu eu interior."

Essas são apenas algumas das estratégias comuns da mente para negar o momento presente já incorporadas à inconsciência comum. São fáceis de passar despercebidas porque já estão entranhadas em nosso modo de vida, como o ruído de fundo do nosso eterno descontentamento. Mas, quanto mais você praticar o monitoramento do seu estado interior emocional e mental, mais fácil será perceber em que momento você foi capturado pelo passado e pelo futuro, bem como despertar da ilusão do tempo dentro do presente. Mas tenha cuidado porque o eu interior falso e infeliz, baseado na identificação com a mente, vive no tempo. Ele sabe que o presente significa sua própria morte e sente-se ameaçado. Fará tudo para afastar você do Agora. Tentará manter você preso ao tempo.

O PROPÓSITO INTERNO DA NOSSA JORNADA DE VIDA

Posso perceber a verdade do que você está dizendo, mas ainda acho que devíamos ter um propósito em nossa jornada, do contrário, ficamos sem rumo. Propósito significa futuro, não significa? Como conciliar isso com o viver no presente?

Ao partir numa jornada, é claro que ajuda muito sabermos para onde vamos ou, ao menos, a direção geral que estamos tomando. Entretanto, não podemos esquecer de que a única coisa real sobre a nossa jornada é o passo que estamos dando neste exato momento. Isso é tudo o que existe.

Nossa jornada de vida tem um propósito externo e um interno. O propósito externo é o de alcançarmos o objetivo ou destino, realizarmos o que estabelecemos cumprir, adquirirmos uma coisa ou outra, o que, é claro, envolve o futuro. Mas, se o destino ou os passos que vamos dar no futuro tomam tanto nossa atenção que se tornam mais importantes do que o passo que estamos dando agora, significa que perdemos completamente o propósito interno da vida, que não tem nada a ver com *aonde* estamos indo ou com *o que* estamos fazendo, mas tudo a ver com o *de que modo*. Esse propósito interno não está relacionado com o futuro e sim com a qualidade da nossa consciência no momento presente. O propósito externo pertence à dimensão horizontal de tempo e espaço enquanto o interno diz respeito ao aprofundamento do Ser na dimensão vertical do eterno Agora. Nossa jornada externa pode conter um milhão de passos enquanto a jornada interna só tem um, que é o passo que estamos dando neste exato momento. Quando tomamos maior consciência desse passo, percebemos que ele já contém dentro de si todos os outros passos, assim como o nosso destino. Esse único passo se vê transformado em uma expressão da perfeição, um ato de grande beleza e qualidade. Ele terá nos levado para dentro do Ser e a luz do Ser brilhará através dele. Este é tanto o propósito quanto a realização da nossa jornada interior: a jornada para dentro de nós mesmos.

§

Faz diferença se alcançamos nosso propósito externo, se somos bem-sucedidos ou se fracassamos?

Faz diferença se você não tiver alcançado seu propósito interno. Depois disso, o propósito externo é só um jogo que você pode apreciar e querer continuar jogando. Pode acontecer também de você falhar em seu propósito externo e, ao mesmo tempo, ter pleno sucesso em seu propósito interno. Ou de outra forma até mais comum, pode obter riqueza externa e pobreza interna, ou "ganhar o mundo e perder a alma", nas palavras de Jesus. Claro que, no fim, *cada* propósito externo está condenado a "fracassar" mais cedo ou mais tarde, simplesmente porque está sujeito à lei da não permanência de todas as coisas. Quanto mais cedo você perceber que o propósito externo não pode lhe proporcionar uma satisfação duradoura, melhor. Depois de ter constatado as limitações do seu propósito externo, você desiste da expectativa irreal de que ele deveria fazer a sua felicidade e torna-o subserviente ao seu propósito interno.

O PASSADO NÃO CONSEGUE SOBREVIVER DIANTE DA PRESENÇA

Você disse que pensar ou falar sobre o passado é um dos caminhos pelos quais evitamos o presente. Mas, além do passado do qual nos lembramos e com que talvez nos identifiquemos, não existe um outro nível de passado dentro de nós mais enraizado? Falo sobre o passado inconsciente, que condiciona nossas vidas, em especial as experiências dos primeiros anos da infância, até mesmo as experiências de vida passada. Existem também os condicionamentos culturais, tão relacionados ao lugar e ao período histórico em que vivemos. Todas essas coisas determinam o modo como vemos o mundo, o que pensamos, que tipo de relacionamentos mantemos, como vivemos. Como poderíamos nos livrar disso tudo? Quanto tempo isso levaria? E se conseguíssemos, o que restaria?

O que resta quando terminam as ilusões?

Não há necessidade de investigar o nosso passado inconsciente, exceto à medida que ele for se manifestando no presente, na forma de um pensamento, de uma emoção, de um desejo, de uma reação ou de algo externo que nos aconteça. Uma eventual curiosidade quanto ao passado inconsciente poderá ser satisfeita através dos desafios do presente. Quanto mais penetramos no passado, mais ele se torna um buraco sem fundo. Haverá sempre alguma coisa a mais. Você pode pensar que precisa de mais tempo para entender o passado ou se livrar dele ou, em outras palavras, que o futuro irá finalmente livrá-lo do passado. Isso é ilusão. Só o presente pode nos livrar do passado. Uma quantidade maior de tempo não consegue nos livrar do tempo. Acesse o poder do Agora. Essa é a chave.

O que é o poder do Agora?

Nada mais do que o poder da sua presença, da sua consciência libertada das formas de pensamento.

Portanto, lide com o passado no nível do presente. Quanto mais atenção você der ao passado, mais energia estará dando a ele e mais probabilidades terá de construir um eu interior baseado nele. Não confunda as coisas. A atenção é essencial, mas não em relação ao passado como passado. Dê atenção ao presente. Dê atenção ao seu comportamento, às suas reações, seu humor, seus pensamentos, suas emoções, medos e desejos, da forma como eles acontecem no presente. *Ali* está o seu passado. Se você consegue estar presente o bastante para observar todas essas coisas, não de modo crítico ou analítico, mas sem julgamentos, significa que você está lidando com o passado e dissolvendo-o através do poder da sua presença. Não é procurando no passado que você vai se encontrar. Você vai se encontrar estando no presente.

O passado não pode ser útil para nos ajudar a compreender por que fazemos certas coisas, reagimos de determinadas maneiras, ou por que, inconscientemente, criamos nossos dramas particulares?

Quando ficamos mais conscientes do presente, podemos ter

um insight sobre o porquê de determinados condicionamentos. Podemos perceber, por exemplo, se seguimos algum padrão nos nossos relacionamentos e podemos ver mais claramente coisas que aconteceram no passado. Fazer isso é bom e pode ser útil, mas não é essencial. O que é essencial é a nossa presença consciente. *Ela* dissolve o passado. Ela é o agente transformador. Portanto, não procure entender o passado, mas esteja presente tanto quanto conseguir. O passado não consegue sobreviver diante da sua presença, só na sua ausência.

capítulo cinco

O ESTADO DE PRESENÇA

NÃO É O QUE VOCÊ PENSA QUE É

Você continua falando que o estado de presença é a chave. Acho que compreendo a ideia mentalmente, mas não sei se alguma vez vivenciei esse estado. Imagino o que seja. É do jeito que eu penso ou é algo completamente diferente?

Não é o que você pensa que é! Não podemos pensar sobre a presença nem a mente pode entendê-la. Compreender a presença é *estar* presente.

Faça uma experiência rápida. Feche os olhos e diga: "Imagino qual será o meu próximo pensamento." Depois fique bem alerta e espere pelo próximo pensamento. Aja como um gato espreitando o buraco do rato. Que pensamento será que vai sair do buraco do rato? Experimente já.

§

E aí?

Tive de esperar bastante tempo até que surgisse um pensamento.

Exatamente. Enquanto estamos num estado de presença intensa, estamos livres do pensamento. Estamos quietos, embora bem alerta. No instante em que a consciência desce abaixo de um certo nível, os pensamentos surgem aos borbotões. O ruído mental volta a aparecer e perdemos a serenidade. Estamos de volta ao tempo.

Para testar o grau de presença, alguns mestres zen tornaram-se conhecidos por se aproximarem dos alunos por trás e, de súbito, atingi-los com um bastão. Que susto! Se o aluno estivesse totalmente presente e em estado de alerta, se tivesse "mantido seu lombo cingido e sua lamparina acesa", que é uma das analogias de que Jesus se utiliza para falar da presença, o aluno teria percebido o mestre se aproximar e o teria imobilizado ou se desviado para o lado. Mas, se o aluno fosse atingido, significaria que estava mergulhado em seus pensamentos, o que quer dizer, ausente, inconsciente.

Para ficarmos presentes no dia a dia, ajuda muito estarmos profundamente enraizados dentro de nós. Do contrário, a mente, que tem um impulso inacreditável, nos arrastará com ela, como um rio caudaloso.

O que você quer dizer com "enraizado em seu interior"?

Significa ocupar o corpo completamente. Ter sempre a atenção concentrada no campo energético interior do corpo. Sentir o corpo bem lá no fundo, como se diz. A consciência do corpo nos mantém presentes. Ela nos dá uma base firme no Agora. (Ver capítulo seis.)

O SENTIDO ESOTÉRICO DE "ESPERA"

Num certo sentido, o estado de presença poderia ser comparado à espera. Jesus empregou a analogia da espera em muitas de suas parábolas. Não se trata do costumeiro tipo de espera, tediosa ou agitada, que é uma negação do presente e sobre a qual já comentei. Não é uma espera na qual a atenção fica focalizada em algum ponto do futuro e o presente é percebido como um obstáculo indesejável, que nos impede de alcançar o que desejamos. Existe um tipo de espera que requer uma prontidão total. Alguma coisa pode acontecer a qualquer momento e, se não estivermos absolutamente acordados e calmos, vamos perdê-la. Esse é o tipo de espera da qual Jesus falou. Nesse estado, toda a nossa atenção está no Agora. Não há nenhum espaço para fantasias, pensamentos, lembranças, antecipações. Não há tensão, nem medo, apenas uma presença alerta. Estamos presentes com todo o nosso Ser, com cada célula do corpo. Nesse estado, o "você" que tem um passado e um futuro, em outras palavras a personalidade, dificilmente está ali. E, mesmo assim, não se perdeu nada de valor. Você ainda é essencialmente você. Na verdade, você é muito mais inteiramente você do que jamais terá sido, ou melhor, somente *agora* você é verdadeiramente você.

"Seja como um servo esperando pelo retorno do seu senhor", diz Jesus. O servo desconhece a que horas o senhor vai chegar. Então fica acordado, vigilante, aprumado e sereno, para não perder a chegada do patrão. Em outra parábola, Jesus fala das cinco mulheres descuidadas (inconscientes) que não tinham levado azeite suficiente (consciência) para manter as lâmpadas acesas (ficar presente) e, assim, perderam a chegada do esposo (o Agora) e não participaram das bodas (iluminação). Essas cinco fazem um contraste com as cinco mulheres prudentes que tinham azeite (fique consciente).

Nem mesmo os homens que escreveram esses Evangelhos compreenderam o sentido dessas parábolas e, assim, os primeiros mal-entendidos e distorções surgiram enquanto eles estavam escrevendo. Com as interpretações equivocadas, perdeu-se completamente o sentido real. Essas parábolas não são sobre o fim do mundo, mas sobre o fim do tempo psicológico. Elas apontam para a transcendência da mente e para a possibilidade de se viver num estado inteiramente novo de consciência.

A BELEZA NASCE DA SERENIDADE DA SUA PRESENÇA

O que você acabou de descrever é algo que acontece comigo ocasionalmente por breves momentos quando estou só e em meio à natureza.

Sim. Os mestres zen usam a palavra *satori* para descrever um momento de insight, um momento de mente vazia e presença total. Embora *satori* não seja uma transformação duradoura, agradeça quando ele surgir porque terá uma amostra da iluminação. Isso já pode ter acontecido muitas vezes, sem que você soubesse o que significava e como era importante. A presença é necessária para tomarmos consciência da beleza, da majestade, do aspecto sagrado da natureza. Você alguma vez contemplou o espaço infinito em uma noite clara, estarrecido por sua calma absoluta e incrível vastidão? Já escutou, de verdade, o som de um riacho numa montanha na floresta? Ou o som de um melro ao cair da tarde em uma tranquila tarde de verão? Para perceber tudo isso a mente tem que estar serena. Você tem de se despojar por um momento da sua bagagem pessoal de problemas, do passado e do futuro, e também do seu conhecimento. Do contrário, você olhará mas não verá, ouvirá mas não escutará. Estar totalmente presente é fundamental.

Existe algo mais sob a beleza das formas externas. Algo que não pode ser nomeado, que é inefável, uma essência profunda, interna e sagrada. Onde quer que exista a beleza, essa essência interior brilhará de alguma forma. Ela só se revela quando estamos presentes. Será possível que essa essência sem nome e a sua presença sejam coisas idênticas e uma coisa só? Será que a essência estaria lá sem a sua presença? Vá fundo nisso. Descubra por si mesmo.

§

Quando você vivenciou esses momentos de presença, provavelmente não percebeu que, por breves instantes, esteve em um estado de mente vazia. Isso aconteceu porque o espaço entre esse estado e o fluxo de pensamentos era muito estreito. O seu *satori* pode ter demorado só uns segundos antes que a mente surgisse, mas ele esteve lá, do contrário você não teria vivenciado a beleza. A mente não pode reconhecer, nem criar a beleza. Por alguns segundos, enquanto você esteve completamente presente, aquela beleza ou algo sagrado esteve lá. O pequeno espaço, sua falta de vigilância e a falha no estado de alerta impediram que você visse a diferença fundamental entre a percepção, a consciência da beleza sem pensamento, e a nomeação e interpretação disso como um pensamento. O espaço de tempo foi tão pequeno que pareceu ser um simples processo. No entanto, a verdade é que, no momento em que o pensamento surgiu, tudo o que lhe restou foi uma lembrança dele.

Quanto maior for o espaço entre a percepção e o pensamento, mais profundos seremos como seres humanos, ou seja, ficaremos mais conscientes.

Muitas pessoas estão tão aprisionadas em suas mentes que a beleza da natureza não existe para elas. Podem dizer "que flor linda", mas é apenas um rótulo mental mecânico. Como elas não estão serenas, não estão presentes, não veem a flor de verdade, não sentem a sua essência, do mesmo modo como não conhecem a si mesmas, não sentem a sua própria essência interior, sagrada.

Como vivemos em uma cultura dominada pela mente, a maior parte da arte moderna, da arquitetura, da música e da literatura é desprovida de beleza, de essência interior, com raras exceções. A razão é que as pessoas que criam essas obras não conseguem livrar-se das suas mentes, nem mesmo por um momento. Portanto, nunca estão em contato com aquele lugar interior, onde se originam a verdadeira criatividade e a beleza. A mente pode criar monstruosidades e não só nas galerias de arte. Olhe para as nossas paisagens urbanas e terrenos baldios em zonas industriais. Nenhuma civilização jamais produziu tanta feiura.

VIVENCIANDO A CONSCIÊNCIA PURA

Presença é o mesmo que Ser?

Quando tomamos consciência do Ser, o que de fato acontece é que o Ser se torna consciente de si mesmo. Quando o Ser toma consciência de si mesmo, isso é presença. Como o Ser, a consciência e a vida são sinônimos, podemos dizer que a presença significa a consciência se tornando consciente de si mesma, ou a vida tomando consciência de si mesma. Mas não se apegue às palavras e não se esforce para entendê-las. Não há nada que você precise entender antes de conseguir se tornar presente.

Compreendo o que você acabou de dizer, mas isso parece implicar que o Ser, a realidade transcendental definitiva, ainda não está completo e que está passando por um processo de desenvolvimento. Será que Deus precisa de tempo para um crescimento pessoal?

Sim, mas somente se visto da perspectiva limitada do universo manifesto. Na Bíblia, Deus declara: “Eu sou o Alfa e o Ômega, eu sou Aquele que está vivo." No reino eterno em que Deus habita, que também é a *nossa* casa, o começo e o fim, o Alfa e o Ômega, são uma unidade, e a essência de todas as coisas que existem e existirão está eternamente presente na forma de um estado não manifesto de unidade e perfeição, totalmente além de qualquer coisa que a mente humana possa vir a imaginar ou compreender. Entretanto, em nosso mundo de formas aparentemente separadas, a perfeição eterna é um conceito muito difícil de imaginarmos. Aqui, até mesmo a consciência, que é a luz emanando da Fonte eterna, parece estar sujeita a um processo de desenvolvimento, mas isso se deve à nossa percepção limitada. Não é isso o que acontece em termos absolutos. Ainda assim, vou continuar a falar por um momento a respeito da evolução da consciência em nosso mundo.

Todas as coisas que existem têm um Ser, têm uma essência divina, têm algum grau de consciência. Até mesmo uma pedra tem uma consciência rudimentar, do contrário não existiria e seus átomos e moléculas se dispersariam. Tudo está vivo. O sol, a terra, as plantas, os animais, as pessoas, todos são expressões da consciência em níveis variáveis, a consciência se manifestando como forma.

O universo desponta quando a consciência toma um corpo e uma forma, formas abstratas e formas materiais. Olhe para os milhões de formas de vida só neste planeta. No mar, na terra, no ar e, em seguida, como cada forma de vida se reproduz milhões de vezes. Com que propósito? Será que alguma coisa, ou alguém, está jogando um jogo com a forma? É isso o que os antigos profetas da Índia se perguntavam. Viam o mundo como *lila*, uma espécie de jogo divino jogado por Deus. As formas de vida individuais não são obviamente muito importantes nesse jogo. No mar, a maioria das formas de vida não sobrevive por mais de alguns minutos depois de ter nascido. A forma humana também vira pó bem rapidamente e, quando ela se vai, é como se nunca tivesse acontecido. Isso é trágico ou cruel? Só se criarmos uma identidade separada para cada forma e esquecermos que a consciência de cada uma é a expressão da essência divina através da forma. Mas você não *sabe* de verdade essas coisas até que vivencia a sua própria essência divina como pura consciência.

Se um peixe nasce no seu aquário e você lhe dá o nome de John, escreve uma certidão de nascimento, conta-lhe a história da família dele e, dois minutos depois, o vê sendo engolido por um outro peixe, isso é trágico. Mas só é trágico porque você projetou um eu interior separado onde não havia nenhum. Você se apoderou de uma fração de um processo dinâmico, uma dança molecular, e fez dela uma entidade separada.

A consciência assume formas tão complexas para se disfarçar que acaba se perdendo completamente nelas. Nos dias atuais, a consciência está totalmente identificada com seu disfarce. Só se conhece como forma e assim vive com medo da destruição da sua forma física ou psicológica. Essa é a mente egoica, e é aqui que surge uma grave disfunção. Agora parece que alguma coisa deu errado em algum ponto ao longo da linha da evolução. Mas mesmo isso é parte da *lila*, o jogo divino. Por fim, a pressão do sofrimento criada por essa aparente disfunção obriga a consciência a se desidentificar da forma e a faz despertar do sonho da forma. Ela recobra sua autopercepção, mas num nível muito mais profundo do que quando a perdeu.

Esse processo é explicado por Jesus na parábola do filho pródigo, que deixa a casa paterna, esbanja a sua fortuna, vira um mendigo e então é forçado por suas provações a voltar para casa. Ao chegar, seu pai o *ama mais* do que antes. O estado do filho é o mesmo que anteriormente, ainda que não o mesmo. Tem agora uma dimensão adicional de profundidade. A parábola descreve uma trajetória a partir de uma perfeição inconsciente, passa por uma aparente imperfeição e "demonismo", até chegar a uma perfeição consciente.

Você consegue perceber agora a profundidade e a grandeza de se tornar presente como o observador da sua mente? Sempre que observamos a mente, livramos a consciência das formas da mente, criando aquilo que chamamos o observador ou a testemunha. Consequentemente, o observador – que é a pura consciência além da forma – se torna mais forte, e as formações mentais se tornam mais fracas. Quando falamos sobre observar a mente, estamos personalizando um fato de verdadeiro significado cósmico porque, através de você, a consciência está despertando do seu sonho de identificação com a forma e se retirando da forma. Isso é o prenúncio – e também parte – de um acontecimento que provavelmente ainda está num futuro distante, no que diz respeito ao tempo cronológico. Esse acontecimento é conhecido como o fim do mundo.

§

Quando a consciência se liberta da sua identificação com as formas física e mental, torna-se o que podemos chamar de consciência pura ou iluminada, ou presença. Isso já aconteceu com alguns indivíduos e parece que está destinado a acontecer em breve em uma escala muito maior, embora não haja garantia absoluta que vá acontecer. Muitos seres humanos ainda estão identificados com a mente e são governados por ela. Se não se libertarem a tempo, serão destruídos por ela. Vão se ver envolvidos em confusões cada vez maiores, conflitos, violência, doenças, desespero, loucura. A mente se transformou em um navio que naufraga. Se você não pular, vai naufragar com ele. A mente egoica coletiva é a entidade mais perigosamente insana e destruidora que jamais habitou nosso planeta. O que você acha que acontecerá ao planeta se a consciência humana não se modificar?

Para a maioria dos seres humanos, a única maneira de descansar a mente é ocasionalmente reverter a um nível de consciência abaixo do pensamento. As pessoas fazem isso todas as noites, durante o sono. Mas, até certo ponto, isso também acontece através do sexo, da bebida e de outras drogas que suprimem a atividade excessiva da mente. Se não fosse pela bebida, por tranquilizantes e antidepressivos, bem como pelas drogas ilegais, todas consumidas em grandes quantidades, a insanidade das mentes humanas seria até mais óbvia do que já é. Acredito que, impedida de usar drogas, uma grande parte da população se transformaria num perigo para ela mesma e para os outros. Essas drogas mantêm as pessoas paralisadas dentro da disfunção. Sua ampla utilização apenas retarda a ruptura das velhas estruturas mentais e o aparecimento de uma consciência superior. Enquanto os usuários individuais puderem obter algum alívio da tortura diária a eles infligida por suas próprias mentes, estarão sendo impedidos de gerar uma presença consciente o bastante para se elevarem sobre o pensamento e assim encontrarem a verdadeira libertação.

Retornar a um nível de consciência abaixo da mente, que é o nível pré-pensamento dos nossos ancestrais distantes e também dos animais e das plantas, não é uma opção válida para nós. Não há como retornar. Se a raça humana tiver de sobreviver, terá de passar para o estágio seguinte. A consciência está se desenvolvendo por todo o universo através de bilhões de formas. Portanto, mesmo se não conseguirmos, não terá a menor importância numa escala cósmica. Nunca se perde um avanço na consciência cósmica, ele simplesmente vai se expressar através de uma outra forma. Mas o simples fato de eu estar falando aqui e de você estar me ouvindo, ou lendo, é um sinal claro que uma nova consciência está ganhando espaço no planeta.

Não há nada de pessoal nisso: não estou ensinando nada a você. Você está consciente e está prestando atenção. Há um ditado oriental que diz: "O mestre e o ensinamento juntos criam o ensino." Em qualquer caso, as palavras em si não são importantes. Elas não são a Verdade, só apontam para ela. Falo num momento de presença e, enquanto falo, você pode querer se juntar a mim nesse estado. Embora cada palavra que eu empregue tenha uma história, e, é claro, venha do passado, assim como todas as línguas, as palavras deste momento são condutoras de uma alta frequência de energia de presença, bem diferente do significado que elas transmitem como simples palavras.

O silêncio é um condutor até mais potente de presença, portanto, quando você ler estas palavras ou me ouvir dizê-las, perceba o silêncio entre e sob as palavras. Perceba os espaços. Ouvir o silêncio, onde quer que você esteja, é um caminho fácil e direto de tornar-se presente. Mesmo quando há barulho, há sempre um pouco de silêncio sob e entre os sons. Ouvir o silêncio cria imediatamente uma serenidade dentro de nós. Só a serenidade dentro de nós percebe o silêncio lá fora. E o que é serenidade senão a presença, a consciência livre das formas de pensamento? Eis aqui a realização exata do que venho falando.

§

CRISTO: A REALIDADE DA SUA DIVINA PRESENÇA

Não se apegue a uma única palavra. Você pode substituir "Cristo" por presença, se achar mais significativo. Cristo é a essência de Deus dentro de nós ou o nosso Eu interior, como às vezes é chamado no Oriente. A única diferença entre Cristo e presença é que Cristo remete à nossa existência divina sem se importar se estamos ou não conscientes dela, ao passo que a presença significa a nossa divindade *vigilante* ou a essência de Deus.

Se admitirmos que não há passado nem futuro em Cristo, poderemos esclarecer muitos mal-entendidos e falsas crenças sobre Ele. Dizer que Cristo *foi* ou *será* é uma contradição. Jesus foi. Foi um homem que viveu há dois mil anos e exerceu a sua divina presença, a sua verdadeira natureza. Suas palavras foram: "Antes que Abraão existisse, Eu sou." Ele não disse: "Eu já existia antes de Abraão ter nascido." Isso significaria que Ele ainda estaria dentro da dimensão do tempo e da identidade da forma. As palavras *Eu sou* utilizadas em uma frase que começa no tempo passado indicam uma mudança radical, uma descontinuidade na dimensão temporal. É uma afirmação, ao estilo zen, de grande profundidade. Jesus tentou transmitir diretamente, e não através de divagações, o significado de presença, de autorrealização. Ele foi além da dimensão da consciência governada pelo tempo e penetrou no domínio da eternidade. Foi assim que a dimensão de eternidade surgiu neste mundo. A eternidade não significa tempo sem fim, mas sim tempo nenhum. Assim, o homem Jesus se tornou o Cristo, um veículo de pura consciência. E qual é a própria definição de Deus na Bíblia? Será que Deus disse: "Eu fui e sempre serei?" Claro que não. Isso teria conferido realidade ao passado e ao futuro. Deus disse: "EU SOU O QUE SOU." Aqui não existe o tempo, só a presença.

A "segunda vinda" do Cristo é uma transformação da consciência humana, uma mudança do tempo para a presença, do pensamento para a consciência pura, e não a chegada de algum homem ou de alguma mulher. Se "Cristo" estivesse para chegar amanhã, revestido de alguma forma externa, o que ele ou ela poderia nos dizer além do seguinte: "Eu sou a Verdade. Eu sou a Divina Presença. Eu sou a Vida Eterna. Estou dentro de você. Estou aqui. Eu sou o Agora."

Nunca personalize Cristo. Não dê uma forma de identidade a Cristo. Avatares, mães divinas, mestres iluminados, os pouquíssimos que realmente são, não têm nada de especial como pessoas. Como não têm de sustentar o ego, defendê-lo ou alimentá-lo, são mais simples do que as pessoas comuns. Qualquer pessoa com um ego forte os olharia como insignificantes ou, mais provavelmente, nem os veria.

Se você for atraído para um professor iluminado, é porque já existe presença bastante em você para reconhecer a presença no outro. Houve muitas pessoas que não reconheceram Jesus ou Buda, assim como há – e sempre haverá – pessoas que são levadas a falsos professores. Egos são atraídos por grandes egos. A escuridão não consegue reconhecer a luz. Portanto, não acredite que a luz está fora de você ou que ela só pode vir através de uma forma específica. Se só o seu mestre for a encarnação de Deus, quem é você então? Qualquer espécie de exclusividade é uma identificação com a forma, e a identificação com a forma significa o ego, não importa o quanto ele esteja bem disfarçado.

Utilize a presença do mestre para ver um reflexo da sua própria identidade por trás do nome e da forma e para se tornar mais intensamente presente. Em pouco tempo você verá que não existe nenhum "meu" ou "seu" na presença. A presença é única.

O trabalho em grupo também pode ser de grande utilidade para intensificar a luz da nossa presença. Um grupo de pessoas atingindo juntas um estado de presença gera um campo de energia de grande intensidade. Isso não só aumenta o estado de presença de cada membro do grupo, mas também ajuda a libertar a consciência coletiva humana do seu estado normal de dominação da mente. Essa prática vai tornar o estado de presença cada vez mais acessível às pessoas. Entretanto, a menos que um membro do grupo já esteja firmemente estabelecido na presença e consiga sustentar a frequência de energia desse estado, a mente pode facilmente voltar a dominar e sabotar os esforços do grupo. Embora o trabalho em grupo seja valioso, ele não é o bastante e você não deve depender dele. Nem de um professor ou de um mestre, exceto durante o período de transição, quando você está aprendendo o significado e a prática da presença.

capítulo seis

O CORPO INTERIOR

O SER É O SEU EU INTERIOR MAIS PROFUNDO

Você falou sobre a importância de existirem raízes profundas dentro de nós, habitando nossos corpos. O que quis dizer com isso?

O corpo pode se tornar um ponto de acesso para o domínio do Ser. Vamos nos deter mais profundamente nisso agora.

Ainda não tenho certeza se entendi o que você quer dizer com Ser.

"Água? O que você quer dizer com isso? Não estou entendendo nada." É o que um peixe diria, se tivesse uma mente humana.

Por favor, pare de tentar entender o Ser. Você já teve lampejos significativos do Ser, mas a mente vai sempre tentar espremê-lo dentro de uma caixa e colocar-lhe um rótulo. Isso não dá certo. O Ser não pode se tornar um objeto de conhecimento. No Ser, o sujeito e o objeto formam uma coisa só. O Ser pode ser *sentido* como o eternamente presente *Eu sou*, que está além do nome e da forma. Sentir e, em consequência, saber que você é e permanecer nesse estado profundamente enraizado é o que se chama iluminação, é a verdade que Jesus diz que nos libertará.

Libertará do quê?

Libertará da ilusão de que não somos nada mais do que o nosso corpo e a nossa mente. É nessa "ilusão do eu interior", nas palavras de Buda, que está o erro central. Libertará dos inúmeros disfarces do *medo*, que é uma consequência inevitável dessa ilusão, o medo que não vai parar de nos torturar, enquanto continuarmos extraindo o sentido do eu interior exclusivamente dessa forma efêmera e vulnerável. E libertará do *pecado*, esse sofrimento que inconscientemente infligimos a nós mesmos e aos outros, enquanto a ilusão governar aquilo que pensamos, dizemos e fazemos.

OLHE ALÉM DAS PALAVRAS

Não gosto da palavra pecado. Ela pressupõe um julgamento e uma atribuição de culpa.

Posso entender isso. Durante muitos séculos, foram se acumulando interpretações erradas em torno de palavras como *pecado*, devido à ignorância, à incompreensão ou a um desejo de controle, embora todas contenham um fundo de verdade. Se você não for capaz de olhar para além de tais interpretações e, por isso, não reconhecer a realidade para a qual a palavra aponta, então não a use. Não se prenda às palavras. Uma palavra nada mais é do que um meio para atingir um fim. É uma abstração. Tal qual um letreiro em forma de seta em um poste, uma palavra aponta para além dela mesma. A palavra *mel* não é mel. Você pode estudar e falar a respeito de mel pelo tempo que quiser, mas não vai saber o que é enquanto não prová-lo. Depois de provar, a palavra perde a importância e não ficamos mais presos a ela. De forma semelhante, podemos falar ou pensar sobre *Deus*, sem parar, pelo resto da vida, mas será que isso significa que conhecemos ou que tivemos uma rápida visão da realidade para a qual a palavra aponta? Ela não passa de um apego obsessivo a um letreiro no poste, um ídolo mental.

O contrário também acontece. Se, por alguma razão, não gostamos da palavra *mel*, pode ser que jamais o experimentemos. Se você tem uma forte aversão à palavra *Deus*, o que é uma forma negativa de apego, pode estar negando não só a palavra como também a realidade para a qual ela aponta. Você estará se privando da possibilidade de vivenciar essa realidade. Tudo isso tem, naturalmente, uma relação direta com o fato de estarmos identificados com as nossas mentes.

Portanto, se uma palavra não significa mais nada para você, jogue-a fora e use outra que signifique. Se você não gosta da palavra *pecado*, chame-a então de inconsciência ou insanidade. Essa atitude talvez lhe aproxime mais da verdade – a realidade que está além da palavra – do que um longo uso equivocado da palavra *pecado*, deixando pouco espaço para a culpa.

Essas palavras também não me agradam. Elas pressupõem que existe alguma coisa errada comigo. É como se estivessem me julgando.

Claro que existe alguma coisa errada com você e ninguém está julgando nada.

Sem querer ofender, mas você não pertence à raça humana que matou mais de cem milhões de membros da própria espécie, somente no século vinte?

Você quer dizer que existe culpa por associação?

Não é uma questão de culpa. Mas, enquanto a mente nos governar, fazemos parte da insanidade coletiva. Talvez você não tenha olhado profundamente para dentro da condição humana sob o domínio da mente. Abra os olhos e veja o medo, o desespero, a inveja e a violência que penetra em tudo. Atente para a crueldade e o sofrimento abomináveis, em uma escala jamais imaginada, que os homens infligiram e continuam a infligir a outros homens, assim como a outras formas de vida. Você não precisa condenar, apenas observe. Isso é pecado. Isso é insanidade. Isso é inconsciência. Acima de tudo, não esqueça de observar a sua própria mente. Busque nela a raiz da insanidade.

ENCONTRE A SUA REALIDADE INVISÍVEL E INDESTRUTÍVEL

Você disse que a identificação com a forma física faz parte da ilusão. Então como é que o corpo pode nos levar à realização do Ser?

O corpo que podemos ver e tocar não consegue nos conduzir para dentro do Ser. Mas esse corpo visível e palpável é só uma casca, ou melhor, uma percepção limitada e distorcida de uma realidade mais profunda. Em nosso estado natural de conexão com o Ser, essa realidade mais profunda pode ser sentida, a cada momento, como o corpo interior invisível, que é a presença viva dentro de nós. Portanto "habitar o corpo" é sentir o corpo bem lá no fundo, de modo a sentir a vida dentro dele e, assim, perceber que somos algo mais além da forma exterior.

Mas isso é só o começo de uma jornada interior, que nos levará ainda mais fundo para uma região de grande serenidade e paz, embora também de grande poder e de vida palpitante. No início, talvez você só consiga ter rápidas visões dessa região, mas, através delas, começará a perceber que você não é apenas um fragmento sem sentido em um universo estranho, levemente suspenso entre o nascimento e a morte, com poucos momentos prazerosos de curta duração seguidos de dor e, no final, de devastação. Por baixo da forma exterior, estamos em conexão com algo tão grande, tão incomensurável, tão sagrado, que não pode ser concebido, nem compreendido através de palavras, embora eu esteja falando sobre ele agora. Estou falando não para dar a você alguma coisa em que acreditar, mas para mostrar de que modo você pode conhecê-lo.

Enquanto sua mente absorver toda a sua atenção, você não conseguirá estar em conexão com o Ser. A mente absorve toda a sua consciência e a transforma em matéria mental. Você não consegue parar de pensar. O pensamento compulsivo se tornou uma doença coletiva. Tudo o que você achava que sabia a seu respeito passa a se originar da atividade mental. Sua identidade, como não tem mais raízes no Ser, se transforma em uma construção mental vulnerável e indispensável, que cria o medo e este passa a ser a emoção oculta predominante. Fica faltando, então, a única coisa que realmente importa em sua vida, que é a percepção do seu eu interior mais profundo, a sua indestrutível e invisível realidade.

Para se tornar consciente do Ser, você precisa ter de volta a consciência aprisionada pela mente. Essa é uma das tarefas mais essenciais na sua jornada espiritual. Ela vai libertar grandes porções de consciência que antes estavam presas nos pensamentos inúteis e compulsivos. Uma forma eficaz de realizar essa tarefa é desviar o foco da atenção do pensamento e dirigi-lo para o interior do seu corpo, onde o Ser pode ser percebido, numa primeira etapa, como o campo de energia invisível que dá vida àquilo que você entende como seu corpo físico.

CONECTE-SE COM O SEU CORPO INTERIOR

Vamos fazer uma experiência agora. Talvez ajude fechar os olhos para este exercício. Depois, quando o "estar dentro do corpo" se tornar algo fácil e natural, isso não será mais necessário. Dirija a atenção para dentro do seu corpo. Sinta-o lá no fundo. Está vivo?

Há vida nas suas mãos, braços, pernas e pés, em seu abdômen, no seu peito? Você consegue sentir o campo de energia sutil impregnando todo o seu corpo e fazendo palpitar cada órgão e cada célula? Percebe o que está acontecendo em todas as partes do corpo ao mesmo tempo, como se fosse um só campo de energia? Mantenha o foco, por uns momentos, sobre a sensação que passa pelo seu corpo interior. Não comece a pensar sobre ela. Sinta-a. Quanto mais atenção você der à sensação, mais clara e forte ela ficará. É como se cada célula se tornasse mais viva e, se você tiver uma forte percepção visual, talvez obtenha uma imagem do seu corpo ficando luminoso. Embora uma imagem assim possa lhe ajudar temporariamente, preste mais atenção ao que você está sentindo do que a qualquer imagem que possa surgir. Uma imagem, não importa o quão bela ou poderosa seja, já tem uma forma definida, e, por isso, deixa menos espaço para penetrar mais fundo.

§

A sensação dentro do nosso corpo interior não tem forma, não tem limites, não tem um fim. Sempre podemos penetrar mais fundo. Se você não consegue sentir muito bem esse estágio, preste atenção ao que *consegue* sentir. Talvez exista um leve formigamento em suas mãos e em seus pés. Já basta para o momento. Focalize apenas a sensação. O seu corpo está se tornando vivo. Praticaremos outras vezes, mais adiante. Por favor, abra os olhos agora, mas mantenha alguma atenção no campo de energia interior do corpo, mesmo que esteja olhando a esmo. O corpo interior está na fronteira entre a forma e a essência, que é a sua verdadeira natureza. Nunca perca o contato com ele.

A TRANSFORMAÇÃO ATRAVÉS DO CORPO

Por que a maioria das religiões condena ou renega o corpo? Tenho a impressão de que as pessoas interessadas em uma busca espiritual sempre olharam o corpo como um obstáculo ou mesmo como um pecado.

Por que tão poucas pessoas encontram o que procuram?

Os seres humanos são bastante semelhantes aos animais no que se refere ao funcionamento do corpo. Ambos têm as mesmas funções corporais básicas, como respirar, comer, beber, defecar, dormir, sentir prazer e dor, ter o impulso de buscar um parceiro e procriar e, é claro, nascer e morrer. Muito tempo depois de terem decaído do estado de graça e unidade para o estado de ilusão, os seres humanos repentinamente despertaram no que parecia ser um corpo animal e ficaram bastante alarmados. "Não se iluda. Você não passa de um animal." Era uma verdade óbvia, mas bastante difícil de suportar. Adão e Eva perceberam que estavam nus e sentiram medo. A negação inconsciente de sua natureza animal acabava de acontecer. A ameaça de que poderiam ser dominados por impulsos instintivos poderosos e reverterem ao estágio de total inconsciência estava muito próxima. A vergonha e alguns tabus em torno de certas partes e funções do corpo, especificamente quanto à sexualidade, passaram a existir. A luz da consciência dos humanos ainda não era forte o bastante para conviver com uma natureza animal, para permiti-la *ser* e até mesmo apreciar esse aspecto, muito menos para penetrar profundamente dentro dela, para encontrar a divindade oculta em seu interior, a realidade dentro da ilusão. Os humanos, então, fizeram o que tinham de fazer. Começaram a se dissociar de seus corpos. Viam agora a si mesmos como *possuindo* e não simplesmente sendo um corpo.

Essa separação ficou ainda mais acentuada quando as religiões surgiram, graças à crença de que "você não é o seu corpo". Inúmeras pessoas do Leste e do Oeste, em todas as eras, tentaram encontrar Deus, a salvação ou a iluminação, através da negação do corpo. Essa procura passou por uma negação da satisfação dos sentidos, em especial da sexualidade, e por jejuns e outras práticas ascéticas. Algumas pessoas infligiam até mesmo sofrimento ao corpo, numa tentativa de enfraquecê-lo ou puni-lo, porque ele era visto como cheio de pecado. No cristianismo, isso era chamado de mortificação da carne. Outras pessoas tentaram escapar do corpo entrando em estados de transe ou buscando experiências extracorpóreas. Muitas ainda adotam essas práticas. Conta-se que até Buda praticou a negação do corpo através do jejum e de práticas extremadas de ascetismo durante seis anos, mas ele só atingiu a iluminação depois que abandonou essa ideia.

O fato é que ninguém jamais atingiu a iluminação negando ou combatendo o corpo, ou através de experiências fora dele. Embora uma experiência desse tipo possa ser fascinante e nos proporcionar um vislumbre do estado de libertação da forma material, no fim, sempre temos de voltar para o corpo, que é onde acontece o trabalho essencial de transformação. A transformação acontece *através* do corpo, e não distanciada dele. Essa é a razão pela qual nenhum dos verdadeiros mestres jamais defendeu lutar ou abandonar o corpo, embora seus discípulos, com base na mente, frequentemente defendam.

Dos antigos ensinamentos relativos ao corpo, somente sobrevivem fragmentos, como as palavras de Jesus "todo o seu corpo será preenchido pela luz", ou mitos, tal como a crença de que Jesus jamais abandonou seu corpo, mantendo-se unido a ele e com ele tendo subido ao "paraíso". Quase ninguém, até hoje, compreendeu esses fragmentos ou o sentido oculto de certos mitos. A crença de que "você não é o seu corpo" prevalece em todas as partes do mundo, levando a uma negação do corpo e a tentativas de escapar dele. Isso tem impedido que inúmeras pessoas alcancem a realização espiritual e encontrem o que procuram.

É possível recuperar os ensinamentos perdidos sobre a significação do corpo ou reconstruí-los a partir de fragmentos existentes?

Não há necessidade disso. Todos os ensinamentos espirituais vêm da mesma Fonte. Nesse sentido, existe e sempre existirá somente um mestre, que se manifesta de vários modos diferentes. Eu sou esse mestre e você também é, desde que seja capaz de acessar a Fonte interna. E o caminho é através do corpo interior. Embora todos os ensinamentos espirituais tenham origem na mesma Fonte, no momento em que eles são verbalizados e escritos não passam de ajuntamentos de palavras, e uma palavra não passa de um letreiro em um poste apontando o caminho de volta à Fonte.

Já comentei sobre a Verdade escondida dentro do nosso corpo, mas vou resumir, outra vez, os ensinamentos perdidos dos mestres. Portanto, aqui está um outro letreiro. Por favor, procure sentir o seu corpo interior enquanto ler ou ouvir.

O SERMÃO SOBRE O CORPO

Aquilo que percebemos como uma estrutura compacta chamada corpo, que é sujeito às doenças, ao envelhecimento e à morte, não é real, não é você. É uma percepção errada da nossa realidade essencial, que está além do nascimento e da morte, cuja causa está nas limitações da nossa mente. A mente, tendo perdido o contato com o Ser, cria o corpo como uma prova da sua crença ilusória de separação para justificar o seu estado de medo. Mas não despreze o corpo, porque é no interior desse símbolo de não permanência, limitação e morte que está contido o esplendor da nossa realidade essencial e imortal. Não desvie a atenção para outro lugar em sua busca da Verdade, pois ela não pode ser encontrada em nenhum outro lugar que não no interior do seu corpo.

Não lute contra o seu corpo, porque, ao fazer isso, você está lutando contra a sua própria realidade. Você é o seu corpo. O corpo que você vê e toca é somente um delicado véu de ilusão. Debaixo dele encontra-se o seu corpo interior invisível, a porta de entrada para o Ser, para a Vida Não Manifesta. Através do corpo interior, estamos inseparavelmente conectados a essa Vida Não Manifesta – onde não há nascimentos nem mortes –, que é eternamente presente. Através do corpo interior, estamos sempre com Deus.

FINQUE RAÍZES PROFUNDAS NO SEU EU INTERIOR

A chave é estar em um estado de conexão permanente com o nosso corpo interior, em senti-lo em todos os momentos. Essa prática vai se intensificar rapidamente e transformar sua vida. Quanto mais consciência direcionamos para o nosso corpo interior, mais cresce a frequência vibracional, tal qual a luz que vai ficando mais forte quando giramos o botão do *dimmer*, aumentando o fluxo de eletricidade. Nesse nível de energia mais elevado, a negatividade deixa de nos afetar e tendemos a atrair novas circunstâncias que refletem essa alta frequência.

Quanto mais concentramos a atenção no corpo, mais nos fixamos no Agora. Não nos perdemos no mundo exterior, nem na mente. Pensamentos, emoções, medos e desejos podem até estar presentes, mas não vão mais nos dominar.

Verifique onde está a sua atenção neste momento. Ou você está me ouvindo ou está lendo minhas palavras em um livro. Aqui está o foco da sua atenção. Você também está percebendo o que está ao redor, as outras pessoas, etc. Além disso, pode haver alguma atividade mental em volta do que você está ouvindo ou lendo, algum comentário mental, embora não haja necessidade de nada disso absorver *toda* a sua atenção. Verifique se você consegue estar em contato com o seu corpo interior ao mesmo tempo. Mantenha parte da sua atenção no interior. Não permita que ela se disperse. Sinta todo o seu corpo, lá do fundo, como um só campo de energia. É quase como se você estivesse ouvindo ou lendo com todo o seu corpo. Pratique nos próximos dias e semanas.

Não desvie toda a sua atenção da mente nem do mundo exterior. Procure, por todos os meios, se concentrar naquilo que você está fazendo, mas sinta o corpo interior ao mesmo tempo, sempre que possível. Tenha as raízes fincadas dentro de você. Observe, então, como isso altera o seu estado de consciência e a qualidade do que você está fazendo.

Sempre que você tiver de esperar, esteja onde estiver, use esse tempo para sentir o seu corpo interior. Assim, os engarrafamentos de trânsito e as filas vão se tornar mais agradáveis. Em vez de se projetar mentalmente para longe do Agora, aprofunde-se no Agora ao se aprofundar no seu corpo.

A habilidade de perceber o corpo interior vai gerar um modo de vida novo, um estado de conexão permanente com o Ser, e trazer uma profundidade à sua vida que você jamais imaginou.

É fácil ficar presente como o observador da mente quando

as raízes estão firmemente fincadas no corpo interior. Nada que aconteça do lado de fora pode nos abalar.

A menos que você esteja presente – e habitar o corpo é sempre um aspecto fundamental dessa prática –, a mente vai continuar governando você. O script armazenado na mente, aprendido há tanto tempo, vai ditar o modo de pensar e agir. Podemos nos livrar dele por períodos curtos, mas dificilmente por um período longo. Isso se comprova facilmente quando alguma coisa "vai mal" ou quando existe alguma perda ou aborrecimento. Nossa reação condicionada vai ser então involuntária, automática e previsível, alimentada por uma emoção básica que está por baixo do estado identificado com a mente, que é o medo.

Portanto, quando surgirem os desafios, como sempre surgem, adote o hábito de penetrar direto em seu eu interior e se concentrar o máximo que puder no campo da energia interna do seu corpo. Não leva muito tempo, só uns segundos. Mas isso tem de ser feito no exato momento em que o desafio acontece. Qualquer demora vai permitir que a reação condicionada mental e emocional apareça e domine você. Quando dirigimos o foco para o campo interno e sentimos o corpo interior, imediatamente ficamos serenos e presentes, porque estamos tirando a consciência do campo da mente. Se precisarmos de uma resposta durante essa situação, ela virá desse campo interior. Assim como o sol é infinitamente mais brilhante do que a chama de uma vela, há uma inteligência infinitamente maior no Ser do que em nossa mente.

Enquanto mantivermos um contato consciente com o nosso corpo interior, somos como as árvores que estão enraizadas bem fundo na terra, ou como um edifício com fundações sólidas e profundas. Essa última analogia foi utilizada por Jesus na geralmente incompreendida parábola dos dois homens que construíram suas casas. Um deles construiu a sua na areia, sem fundações, e quando as tempestades e enchentes vieram, arrastaram a casa com elas. O outro homem cavou *fundo* até que alcançou a rocha, e só então construiu sua casa, que não foi arrastada pelas enchentes.

ANTES DE PENETRAR NO SEU CORPO, PERDOE

Tive dificuldades quando tentei concentrar minha atenção no corpo interior. Senti uma certa agitação e um pouco de náusea. Não fui capaz de vivenciar o que você está ensinando.

O que você sentiu foi uma emoção retardada, da qual provavelmente não tinha consciência antes de passar a observar seu corpo. Se não der um pouco de atenção a essa emoção, ela vai impedir que você tenha acesso ao seu corpo interior, que está em um nível mais profundo. Dar atenção não significa *pensar* nela. Significa, apenas, observá-la, senti-la complemente, conhecê-la e aceitá-la do jeito que é. Algumas emoções são fáceis de identificar, como a raiva, o medo e o desgosto. Outras talvez sejam mais difíceis de rotular. Elas podem se manifestar como um leve desconforto, uma aflição ou um peso, um meio-termo entre uma emoção e uma sensação física. Em qualquer dos casos, o que importa não é se você pode dar um rótulo mental a essas emoções, mas sim se você pode tornar essa sensação consciente. A atenção é a chave para a transformação, e isso também envolve aceitação. A atenção é como um raio de luz: o poder concentrado da consciência que transforma tudo nela própria.

Em um organismo que funcione perfeitamente, uma emoção tem vida curta. É como uma onda ocasional sobre a superfície do Ser. No entanto, se não estamos dentro do nosso corpo, uma emoção pode permanecer dentro de nós por dias ou semanas, ou se juntar a outras emoções de frequência similar, ou se tornar um sofrimento, um parasita que pode viver dentro de nós durante anos, alimentar-se de nossa energia, nos deixar doentes e tornar nossa vida miserável. (Ver capítulo dois.)

Portanto, dirija sua atenção para a emoção e verifique se a sua mente está alimentando um padrão de mágoa, culpa, autopiedade ou ressentimento, que, por sua vez, está alimentando a emoção. Se esse for o caso, significa que você não perdoou. Quando se fala em perdoar, pensamos logo em perdoar alguém, mas o perdão também pode ser em relação a nós mesmos ou a uma situação do passado, presente ou futuro que a nossa mente se recusa a aceitar. Pois é, pode haver um não perdoar até em relação ao futuro. É a recusa da mente em aceitar a incerteza, em aceitar que o futuro está além do nosso controle. Perdoar é abrir mão dos nossos ressentimentos e deixar que eles se desprendam de nós. Isso acontecerá naturalmente quando você perceber que os seus ressentimentos não têm outro objetivo, exceto o de fortalecer o falso sentido do eu interior. Perdoar é não oferecer resistência à vida, é permitir que a vida aconteça através de você. As alternativas são as dores e os sofrimentos, um fluxo de energia altamente limitado, e, em muitos casos, doenças físicas.

No momento em que você perdoar, terá retomado o poder que estava na mente. O falso eu interior construído pela mente, o ego, não consegue sobreviver sem discórdias e conflitos. A mente não consegue perdoar. Só *você* consegue. Você se torna presente, penetra em seu corpo, sente a paz vibrante e a serenidade que emanam do Ser. Essa é a razão pela qual Jesus disse: "Antes de entrar no templo, perdoe."

A LIGAÇÃO COM O NÃO MANIFESTO

Qual é a relação entre a presença e o corpo interior?

A presença é a consciência pura, a consciência que foi recuperada da mente, do mundo da forma. O corpo interior é a nossa ligação com o Não Manifesto e, em seu aspecto mais profundo, *é* o Não Manifesto, ou seja, a Fonte da qual a consciência emana, tal como a luz emana do sol. Perceber o corpo interior significa que a consciência está lembrando as suas origens e retornando à Fonte.

O Não Manifesto é o mesmo que o Ser?

É. A expressão Não Manifesto tenta, através de uma negativa, expressar Aquilo que não pode ser falado, pensado ou imaginado. Ela aponta para o que *é* quando diz o que *não é*. Por outro lado, *Ser* é uma palavra positiva. Mas não se prenda a nenhuma dessas palavras nem comece a acreditar nelas. Não passam de letreiros indicadores.

Você disse que a presença é a consciência que foi retomada da mente. Quem faz essa retomada?

Você. Mas, como em essência, você *é* consciência, podemos muito bem dizer que é a consciência despertando da ilusão da forma. Isso não quer dizer que a sua própria forma vai imediatamente desaparecer numa explosão de luz. Você mantém a sua forma atual, mas percebe que existe algo sem forma e sem fim lá dentro de você.

Tenho de admitir que isso está além da minha compreensão, mas, mesmo assim, em um nível mais profundo, parece que entendo o que você está falando. É mais como uma sensação do que qualquer outra coisa. Será que estou me enganando?

Não é um engano. Sentir vai aproximar você da verdade muito mais do que pensar. Não sou capaz de contar nada que, no fundo, você já não saiba. Quando atingimos um determinado estágio de conexão interior, reconhecemos a verdade assim que a ouvimos. Caso você não tenha ainda atingido esse estágio, a prática de perceber o corpo vai fazer surgir o aprofundamento necessário.

RETARDANDO O PROCESSO DE ENVELHECIMENTO

Nesse meio-tempo, a percepção do corpo interior traz outros benefícios no campo físico. Um deles é uma significativa redução do processo de envelhecimento do corpo físico.

Enquanto o corpo exterior, em geral, aparenta estar envelhecendo e murchando bem rapidamente, o corpo interior não muda com o tempo, exceto que podemos senti-lo mais profundamente e torná-lo mais completo. Se você tem vinte anos agora, o campo de energia do seu corpo interior vai se sentir igual ao de quando você tiver oitenta. Estará vibrantemente vivo. Assim que o nosso estado habitual passa do estar fora do corpo e preso pela mente para estar no corpo e presente no Agora, o nosso corpo físico fica mais leve, mais claro, mais vivo. Como existe mais consciência no corpo, a ilusão da materialidade diminui.

Quando nos identificamos mais com o corpo interior do que com o corpo exterior, quando o estado de presença se torna o nosso modo normal de consciência, deixamos de acumular tempo na nossa psique e nas células do corpo. O acúmulo do tempo, tal como um fardo psicológico do passado e do futuro, prejudica a capacidade de autorrenovação das células. Portanto, se você ocupa o seu corpo interior, o exterior vai envelhecer em um ritmo mais lento. E, mesmo quando envelhecer, a sua essência eterna vai brilhar através da sua forma exterior, e você não dará a impressão de ser uma pessoa idosa.

Existe alguma prova científica disso?

Experimente e você vai ser a prova.

FORTALECENDO O SISTEMA IMUNOLÓGICO

Um outro benefício dessa prática, no campo físico, é um grande fortalecimento do sistema imunológico. Quanto mais consciência tivermos do corpo, mais forte se torna o sistema imunológico. É como se cada célula despertasse e festejasse. O corpo adora a atenção que lhe damos. É também uma poderosa forma de se autoajudar. A maioria das doenças acontece quando não estamos presentes em nossos corpos. Se o dono não está em casa, todos os tipos suspeitos vão aparecer por lá. Quando você está presente, fica mais difícil que entrem tipos indesejáveis.

Não é só o nosso sistema imunológico físico que se fortalece. O sistema imunológico psíquico também se eleva bastante. Esse último nos protege dos campos de forças mentais e emocionais negativas emanadas de outras pessoas, que são largamente contagiosas. Ocupar o corpo nos protege não porque nos coloca um escudo, mas sim porque eleva a frequência vibracional do nosso campo total de energia, de forma que qualquer coisa que vibre em baixa frequência, como o medo, a raiva, a depressão, passa a existir naquilo que é, virtualmente, uma ordem diferente de realidade. Já não penetra no nosso campo de consciência, ou, caso penetre, já não precisamos mais oferecer resistência, porque ele passa através de nós. Por favor, não aceite ou rejeite simplesmente o que estou explicando. Faça um teste.

Existe uma técnica de meditação simples e poderosa que pode ser usada sempre que você sentir necessidade de reforçar seu sistema imunológico. Funciona, em especial, quando usada assim que você sente os primeiros sintomas de uma doença, mas também pode surtir efeito com doenças que já se instalaram, se você usá-la a intervalos frequentes e com uma concentração intensa. Ela também vai neutralizar qualquer ruptura do seu campo de energia causada por alguma forma de negatividade. Entretanto, não se trata de um substituto da prática de estar no corpo, do contrário seu efeito será apenas passageiro.

Quando você não tiver o que fazer por alguns minutos, "inunde" o seu corpo com a consciência. É um excelente exercício para fazer à noite antes de dormir e assim que acordar de manhã, antes mesmo de se levantar. Feche os olhos. Deite-se de costas. Escolha partes diferentes do corpo para dirigir a sua atenção por alguns momentos, como mãos, pés, braços, pernas, abdômen, peito, cabeça, etc. Sinta o campo de energia dessas partes tão intensamente quanto puder. Detenha-se mais ou menos por quinze segundos em cada lugar. Deixe sua atenção percorrer o corpo, como uma onda, dos pés à cabeça e da cabeça aos pés. Leva apenas cerca de um minuto. Depois disso, sinta seu corpo em sua totalidade, como um campo de energia único. Mantenha esse sentimento por alguns segundos. Esteja intensamente presente em cada célula do seu corpo durante esse tempo. Não se preocupe se a mente, ocasionalmente, conseguir desviar a sua atenção para fora do corpo e se você se perder em algum pensamento. Assim que você perceber que isso aconteceu, retorne a sua atenção para o seu corpo interior.

DEIXE QUE A RESPIRAÇÃO CONDUZA VOCÊ PARA DENTRO DO CORPO

Às vezes, quando minha mente está muito ativa, chega a ser impossível desviar a atenção dela e sentir o corpo interior. Isso acontece, especialmente, em momentos de muita ansiedade ou preocupação. O que fazer sobre isso?

Se você encontrar dificuldades de entrar em contato com o seu corpo interior, é mais fácil, em primeiro lugar, concentrar a atenção no movimento da respiração. Tomar consciência da respiração, que já é uma meditação poderosa, irá, aos poucos, colocar você em contato com o corpo. Observe atentamente a respiração, como ela entra e sai do nosso corpo. Respire e sinta o abdômen inflar e contrair-se levemente, a cada inspiração e expiração. Se você tiver facilidade para visualizar, feche os olhos e veja-se no meio da luz, dentro de um mar de consciência. Então, respire dentro dessa luz. Sinta essa substância luminosa preenchendo todo o seu corpo e tornando-o luminoso. Então, aos poucos, concentre-se nessa sensação. Você agora está dentro do seu corpo. Não se fixe em nenhuma imagem visual.

§

O USO CRIATIVO DA MENTE

Caso você precise usar a mente para um propósito específico, use-a em parceria com o seu corpo interior. Só se conseguirmos estar conscientes sem que haja pensamentos é que seremos capazes de usar a mente de forma criativa, e o caminho mais fácil para entrar nesse estado é através do corpo. Sempre que for necessária uma resposta, uma solução ou uma ideia criativa, pare de pensar por um momento e focalize a atenção em seu campo de energia interior. Tome consciência da serenidade. Quando você voltar ao pensamento, ele será novo e criativo. Em qualquer atividade mental, habitue-se a ir e vir, de tantos em tantos minutos, entre o pensamento e uma espécie de escuta interior, uma serenidade interior. Poderíamos dizer: não pense apenas com a cabeça, pense com todo o seu corpo.

§

A ARTE DE ESCUTAR

Quando você parar para ouvir uma outra pessoa, não escute só com a mente, escute com todo o seu corpo. Sinta o campo de energia do seu corpo interior enquanto escuta. Isso desvia a atenção do pensamento e cria um espaço de serenidade que possibilita você ouvir realmente, sem que a mente interfira. Você está dando à outra pessoa um espaço para ela ser. É o presente mais precioso que você pode dar a alguém. A maioria das pessoas não sabe como ouvir, porque uma grande parte da atenção delas está dominada pelo pensamento. Prestam muito mais atenção a isso do que às palavras da outra pessoa e nenhuma atenção ao que realmente importa, ou seja, o Ser da outra pessoa que está debaixo das palavras e da mente. É claro que você não consegue sentir o Ser de uma outra pessoa, exceto através de você mesmo. Esse é o início da realização de uma união, que é o amor. No nível mais profundo do Ser, você está em unidade com tudo o que existe.

A maioria das relações humanas consiste principalmente na interação das mentes umas com as outras, e não de seres humanos se comunicando, ficando em comunhão. Nenhuma relação pode florescer por esse caminho, e essa é a razão de tantos conflitos nas relações. Quando a mente dirige a nossa vida, o conflito, as lutas e os problemas são inevitáveis. Estar em contato com o seu corpo interior cria um espaço de mente vazia, dentro do qual a relação pode florescer.

capítulo sete

PORTAIS PARA O NÃO MANIFESTO

UM MERGULHO PROFUNDO NO CORPO

Posso sentir a energia dentro do meu corpo, mas não me sinto capaz de ir mais fundo, como você sugeriu antes.

Faça uma meditação. Não vai levar muito tempo, só dez a quinze minutos. Providencie para que não haja distrações externas, como telefonemas ou pessoas que possam interromper. Sente-se em uma cadeira, mas não encoste. Mantenha a coluna ereta. Isso ajuda a ficar alerta. Você também pode escolher uma posição favorita para meditar.

Certifique-se de que o seu corpo está relaxado. Feche os olhos. Respire profundamente algumas vezes. Sinta a respiração na parte inferior do abdômen. Observe como ele se expande e se contrai levemente, a cada entrada e saída do ar. Depois, tome consciência de todo o campo de energia interior do seu corpo. Não pense a respeito, apenas *sinta-o*. Ao fazer isso, você retira a consciência do campo da mente. Se ajudar, visualize a "luz" que descrevi anteriormente.

Quando você não encontrar mais obstáculos em sentir o corpo interior como um campo único de energia, descarte, se possível, qualquer imagem visual e se concentre apenas na sensação. Se possível, descarte também qualquer imagem mental que você ainda tenha do corpo físico. O que sobrou é uma abrangente sensação de presença ou "existência" e uma percepção de um corpo interior sem fronteiras. A seguir, concentre sua atenção mais fundo nessa sensação. Forme uma unidade com ela. Junte-se de tal modo ao campo de energia que você não mais perceba a dualidade entre o observador e o observado, entre você e seu corpo. A separação entre o interior e o exterior também se dissolve nesse momento, e, assim, não existe mais um corpo interior. Ao entrar profundamente no corpo, você transcendeu o corpo.

Permaneça nessa região do puro Ser pelo tempo que você se sentir bem. Depois, retome a consciência do corpo físico, da sua respiração, dos sentidos, e abra os olhos. Observe o que está à sua volta por alguns minutos, em um estado meditativo, isto é, sem dar nome a nada, e continue a sentir o corpo interior enquanto faz isso.

§

Ter acesso a essa região sem forma traz uma liberdade verdadeira. Ela nos liberta da escravidão da forma e da identificação com a forma. É a vida em seu estado indiferenciado, anterior à sua fragmentação em várias modalidades. Podemos chamá-la de Não Manifesto, a Fonte invisível de todas as coisas, o Ser que está presente em todos os seres. É uma região de profunda serenidade e paz, mas também de alegria e vida intensas. Sempre que estamos presentes, nós nos tornamos, de um certo modo, "transparentes" à luz, passamos a ser a consciência pura que emana dessa Fonte. Percebemos também que a luz não está separada de quem somos, mas constitui a nossa verdadeira essência.

A FONTE DO *CHI*

O Não Manifesto é o que no Oriente se chama chi, um tipo de energia da vida universal?

Não. O Não Manifesto é a *fonte* do *chi*. *Chi* é o campo de energia interna do nosso corpo. É a ponte entre o nosso exterior e a Fonte. Situa-se no meio do caminho entre o que está manifesto, que é o mundo da forma, e o Não Manifesto. O *chi* pode ser comparado a um rio ou a um fluxo de energia. Se concentramos o foco da consciência bem fundo no corpo interior, estamos traçando o curso desse rio de volta à sua Fonte. O *chi* é movimento, enquanto o Não Manifesto é serenidade. Quando alcançamos um ponto de absoluta serenidade, mas que, apesar de tudo, vibra com a vida, significa que fomos além do corpo interior e além do *chi*, em direção à própria Fonte, que é o Não Manifesto. O *chi* é a ligação entre o Não Manifesto e o mundo físico.

Portanto, se você concentrar a atenção profundamente no corpo interior, poderá alcançar esse ponto, essa singularidade, onde o mundo se dissolve no Não Manifesto e em que o Não Manifesto assume a forma do fluxo de energia do *chi*, que então se transforma no mundo. Esse é o ponto do nascimento e da morte. Só quando a nossa consciência se volta para o exterior é que a mente e o mundo passam a existir. Quando se dirige para o interior, ela percebe a sua própria Fonte e regressa ao Não Manifesto. Assim, quando a nossa consciência retorna ao mundo manifesto, é que recuperamos a identidade da forma, que tinha sido abandonada temporariamente. Passamos a ter um nome, um passado, uma situação de vida, um futuro. Mas, em um aspecto particular, já não somos mais os mesmos de antes, porque vislumbramos uma realidade em nosso interior que não é "desse mundo", embora não seja separada dele, do mesmo modo que ela não é separada de você.

Adote, daqui para a frente, a seguinte prática espiritual: ao caminhar pela vida, não dê 100 por cento de atenção ao mundo exterior e à sua mente. Deixe alguma coisa no interior. Já falei sobre isso antes. Sinta o corpo interior, mesmo quando estiver fazendo alguma atividade de rotina, principalmente nos relacionamentos ou quando em contato com a natureza. Sinta a serenidade bem lá no fundo. Mantenha a porta aberta. É possível ficar consciente do Não Manifesto em todas as ocasiões. Você sentirá uma profunda sensação de paz em algum lugar lá no fundo, uma serenidade que nunca abandonará você, não importa o que aconteça lá fora. Você passa a ser a ponte entre o Não Manifesto e o manifesto, entre Deus e o mundo. Esse é o estado de conexão com a Fonte. É o que chamamos iluminação.

Não fique com a impressão de que o Não Manifesto é separado do manifesto. Como poderia? Ele é a vida no interior de todas as formas, a essência interior de tudo o que existe. Ele impregna o mundo. Vou explicar.

UM SONO SEM SONHOS

Todas as noites, quando entramos na fase sem sonhos do sono profundo, fazemos uma viagem à região do Não Manifesto. É nesse momento que cada um de nós forma uma só unidade com a Fonte. É da Fonte que retiramos a energia vital que nos sustenta quando retornamos ao manifesto, o mundo das formas separadas. Essa energia é muito mais importante do que o alimento: "Nem só de pão vive o homem." Mas não se chega ao sono sem sonhos de um modo consciente. Embora o corpo ainda esteja funcionando, "nós" já não existimos mais nesse estado. Você consegue imaginar o que seria penetrar no sono sem sonhos completamente consciente? É impossível imaginar, porque nesse estado não há conteúdo.

O Não Manifesto não nos liberta, a menos que sejamos capazes de chegar a ele de modo consciente. Essa é a razão pela qual Jesus não disse que a verdade nos libertará e sim que "conheceremos a verdade, e a verdade nos libertará". Não se trata de um simples conceito de verdade. É a verdade da vida eterna além da forma, que só se conhece de um modo direto. Mas não tente ficar consciente no sono sem sonhos. É altamente improvável que você consiga. Na melhor das hipóteses, você pode permanecer consciente durante a fase do sonho, mas não além dela. É o chamado sonho lúcido, que pode ser interessante e fascinante, mas que não é libertador.

Portanto, use seu corpo interior como um portal de entrada para o Não Manifesto e mantenha-o aberto, de modo que você esteja em conexão com a Fonte em todas as situações. Não faz diferença, até onde interessa ao corpo interior, se o seu corpo exterior é velho ou novo, frágil ou rijo. O corpo interior não tem um tempo. Se você ainda não é capaz de sentir o corpo interior, use um dos outros portais, embora, em última análise, todos sejam a mesma coisa. Já falei bastante de alguns, mas vou mencioná-los de novo, bem rapidamente.

OUTROS PORTAIS

O Agora pode ser considerado como o portal principal. É um aspecto essencial de cada um dos outros portais, inclusive do corpo interior. Não podemos estar *em nosso corpo* sem que estejamos intensamente presentes no Agora.

O tempo e o manifesto estão indissoluvelmente ligados, do mesmo modo como o eterno Agora e o Não Manifesto. Quando dissolvemos o tempo psicológico através de uma percepção intensa do momento presente, nos tornamos, direta ou indiretamente, conscientes do Não Manifesto. Diretamente, sentimos o Não Manifesto como o esplendor e o poder da nossa presença consciente, ou seja, sem conteúdo, apenas a presença. Indiretamente, temos consciência do Não Manifesto dentro e através do campo dos sentidos. Em outras palavras, sentimos a essência de Deus em cada criatura, cada flor, cada pedra e concluímos que "Tudo o que é, é sagrado". Essa é a razão pela qual Jesus, falando sobre a sua essência ou a identidade de Cristo, diz nas palavras de Tomé: "Rachem um pedaço de madeira; lá estou eu. Levantem uma pedra e me encontrarão ali."

Um outro portal para o Não Manifesto é a paralisação do pensamento. Isso pode começar de um modo muito simples, ao prestar atenção à própria respiração ou olhar concentradamente para uma flor, em um estado de alerta total, de tal modo que não haja espaço para nenhum comentário mental ao mesmo tempo. Existem muitas maneiras para criar um espaço no fluxo contínuo de pensamentos. É disso que trata a meditação. O pensamento pertence ao campo do manifesto. A atividade mental contínua nos mantém aprisionados no mundo da forma e funciona como uma tela opaca que impede de nos tornarmos conscientes do Não Manifesto, conscientes da inexistência da forma e da eterna essência de Deus, tanto em nós mesmos como em todas as coisas e criaturas. Quando estamos intensamente *presentes*, é claro que não precisamos nos preocupar com a paralisação do pensamento, porque a mente para automaticamente. Essa é a razão pela qual eu disse que o Agora é um aspecto essencial de todos os outros portais.

A entrega, ou seja, o abandono de qualquer resistência mental e emocional ao que *é*, também é um portal para o Não Manifesto. A razão disso é simples, já que a resistência interior nos isola das outras pessoas, de nós mesmos e do mundo à nossa volta, fortalecendo a sensação de separação da qual o ego depende para sobreviver. Quanto maior a sensação de separação, maior a nossa dependência ao manifesto, ao mundo das formas separadas. E, quanto maior a ligação com o mundo das formas, mais dura e impenetrável será a nossa identidade com a forma. O portal é fechado e somos afastados da dimensão interior, a dimensão do profundo. No estado de entrega, a nossa identificação com a forma se dissolve e se reveste de uma espécie de "transparência" e, assim, o Não Manifesto consegue brilhar através de nós.

Depende de nós abrirmos um portal em nossas vidas que nos conduza a um acesso consciente ao Não Manifesto. Entre em contato com o campo de energia do seu corpo interior, esteja intensamente presente, deixe de se identificar com a sua mente, entregue-se àquilo que *é*. Podemos usar todos esses portais, mas só precisamos de um deles.

O amor, com certeza, também é um desses portais?

Não. Assim que um desses portais é aberto, o amor se apresenta para nós como uma "realização da sensação" de unidade. O Amor não é um portal. Ele é o que vem *através* do portal até este mundo. Enquanto estivermos completamente envolvidos pela nossa identidade com a forma, o amor não pode existir. Nossa tarefa não é buscar o amor, mas sim encontrar um portal através do qual ele possa entrar.

O SILÊNCIO

Existem outros portais além dos que você indicou?

Existem. O Não Manifesto não é separado do manifesto. Ele está presente em todo o nosso mundo, mas se disfarça tão bem que quase ninguém o percebe. Se você souber onde procurar, vai encontrá-lo em todos os lugares. A cada momento um portal se abre.

Você está escutando um cachorro latindo lá longe? Ou um carro passando? Escute atentamente. Consegue sentir a presença do Não Manifesto nessas ocasiões? Não consegue? Procure no silêncio, no lugar onde os sons nascem e para onde retornam. Preste mais atenção ao silêncio do que aos sons. Prestar atenção ao silêncio exterior cria um silêncio interior, e a mente fica serena. Um portal está se abrindo.

Cada som nasce no silêncio e morre no silêncio. Sua curta duração é cercada pelo silêncio. O silêncio torna possível que o som aconteça. É uma parte intrínseca mas não manifesta de cada som, cada nota musical, cada melodia, cada palavra. O Não Manifesto está presente neste mundo como silêncio. Essa é a razão pela qual dizem que nada neste mundo é tão parecido com Deus quanto o silêncio. Só o que temos de fazer é prestar atenção a ele. Mesmo durante uma conversa, fique consciente dos espaços entre as palavras, dos curtos espaços de silêncio entre as frases. Ao fazer isso, uma dimensão de serenidade cresce dentro de você. Não conseguimos prestar atenção ao silêncio sem que, ao mesmo tempo, estejamos serenos em nosso interior. O silêncio está do lado de fora e a serenidade dentro de nós. Você penetrou no Não Manifesto.

O ESPAÇO

Do mesmo modo que o som não pode existir sem o silêncio, nenhuma coisa pode existir sem o nada, sem o espaço vazio. Cada objeto material ou cada corpo veio do nada, é cercado pelo nada e vai voltar para o nada. Até mesmo no interior de cada corpo físico existe muito mais "nada" do que "algo". Os físicos nos dizem que a solidez da matéria é uma ilusão. Até matéria aparentemente sólida, como o nosso corpo, é quase 100 por cento espaço vazio, tão grandes são as distâncias entre os átomos em comparação com o tamanho deles. Além disso, mesmo no interior de cada átomo, a maior parte é de espaço vazio. O que resta é mais como uma frequência vibracional do que partículas de matéria sólida, mais como uma nota musical. Os budistas sabem disso há mais de 2.500 anos. "Forma é o vazio, o vazio é forma", afirma o *Sutra do Coração*, também conhecido como o *Sutra da Sabedoria*, um dos mais antigos e conhecidos textos budistas. A essência de todas as coisas é o vazio.

O Não Manifesto não se apresenta nesse mundo só como silêncio. Ele também é o espaço que perpassa todo o universo físico, por dentro e por fora. É tão fácil de não percebermos quanto o silêncio. Todos nós prestamos atenção às coisas no espaço, mas quem presta atenção ao próprio espaço?

Você está sugerindo que o "vazio" ou "nada" não é apenas nada e que existe alguma qualidade misteriosa neles? O que é o nada?

Você não pode fazer uma pergunta como essa. A sua mente está tentando transformar nada em algo. No momento em que você faz isso, já o perdeu. O nada – o espaço – é a aparência do Não Manifesto como um fenômeno externalizado, em um mundo percebido pelos sentidos. É o máximo que alguém pode dizer a esse respeito, e até mesmo isso é uma espécie de paradoxo. O nada não pode se tornar um objeto de conhecimento. Não se pode fazer um doutorado sobre o "nada". Quando os cientistas estudam o espaço, geralmente o transformam em alguma coisa e assim deixam de captar a verdadeira essência dele. Por isso, não me surpreende que a última teoria sobre o espaço seja de que ele não é completamente vazio, que é preenchido por alguma substância. Quando existe uma teoria, não é difícil encontrar uma tese para comprová-la, ao menos até que outra teoria apareça.

O "nada" só pode vir a ser um portal para o Não Manifesto se você não tentar se apoderar dele ou compreendê-lo.

Não é isso o que estamos fazendo aqui?

Não necessariamente. Estou aqui lhe dando umas pistas para mostrar como trazer a dimensão do Não Manifesto para a sua vida. Ninguém está tentando compreendê-lo. Não há nada para compreender.

O espaço não tem "existência". A palavra "existir" significa "destacar-se". Não conseguimos compreender o espaço porque ele não se destaca. Embora não tenha uma existência em si mesmo, ele possibilita que todas as outras coisas existam. O silêncio também não tem uma existência, nem tampouco o Não Manifesto.

O que acontece então quando desviamos a nossa atenção dos objetos no espaço e passamos a perceber o espaço em si? Qual é a essência desta sala? Os móveis, os quadros, etc. estão *dentro* da sala, mas eles não são a sala. O chão, as paredes, o teto definem os limites da sala, mas também não são a sala. Qual é, então, a essência da sala? O espaço, é claro, o espaço vazio. Não haveria nenhuma "sala" sem ele. Como o espaço é "nada", podemos dizer que aquilo que *não* está lá é mais importante do que aquilo que está. Portanto, tome consciência do espaço à sua volta. Não pense a respeito. Sinta-o do jeito que é. Preste atenção ao "nada".

Ao agir assim, acontece uma mudança de consciência dentro de você. E o motivo é que o equivalente interno dos objetos situados no espaço, tais como móveis, paredes, etc., são os objetos da nossa mente: pensamentos, emoções e os objetos dos sentidos. E o equivalente interno do espaço é a consciência, que torna possível a existência dos objetos da nossa mente, assim como o espaço torna possível que todas as coisas existam. Portanto, se desviar a atenção das *coisas* – os objetos no espaço –, você automaticamente desvia a atenção dos objetos da sua mente também. Em outras palavras, você não pode pensar *e* estar consciente do espaço, ou do silêncio. Ao tomar consciência do espaço vazio à sua volta, você se torna consciente do espaço de mente vazia, da consciência pura, que é o Não Manifesto. É assim que a contemplação do espaço pode se tornar um portal para você.

O espaço e o silêncio são dois aspectos de uma mesma coisa, do mesmo nada. São formas exteriorizadas do espaço e do silêncio interior, que significam a serenidade, o útero infinitamente criativo de toda a existência. Muitos seres humanos não têm a menor consciência dessa dimensão. Não existe espaço interior, não existe serenidade, não existe equilíbrio. Em outras palavras, eles conhecem o mundo, ou pensam que conhecem, mas não conhecem Deus. Identificam-se exclusivamente com as formas físicas e psicológicas que construíram, mas não têm consciência da essência. E, como cada forma é altamente instável, vivem com medo. O medo causa uma profunda e distorcida percepção de nós mesmos e de outros seres humanos, uma distorção na nossa visão do mundo.

Se uma revolução cósmica provocasse o fim do universo, o Não Manifesto não seria afetado. O livro *Um curso em milagres* expressa essa verdade de modo comovente: "Nada real pode ser ameaçado. Nada irreal existe. Aqui reside a paz de Deus."

Se você mantém uma conexão consciente com o Não Manifesto, você valoriza, ama e respeita profundamente o manifesto e cada forma de vida contida nele, como uma expressão da Vida

Única além da forma. Você também sabe que cada forma vai se dissolver e que, no fim, nada lá fora tem tanta importância. Você "conquistou o mundo", nas palavras de Jesus, ou, como Buda colocou, "você passou para a outra margem".

A VERDADEIRA NATUREZA DO ESPAÇO E DO TEMPO

Pense agora no seguinte: se não existisse nada, só o silêncio, ele não teria nenhum significado, porque você nem ia saber o que era aquilo. Só quando o som apareceu é que o silêncio passou a ter um sentido. Da mesma forma, se só existisse o espaço, sem nenhum objeto, ele também nada significaria para você. Imagine-se como um ponto de consciência flutuando na imensidão do espaço, sem nenhuma estrela, nenhuma galáxia, somente o vazio. O espaço não teria imensidão, ele nem estaria ali. Não haveria velocidade, nem movimento de um ponto para outro. São necessários ao menos dois pontos de referência para que a distância e a velocidade possam ter um significado. O espaço só passa a ter um significado no momento em que a Unidade se transforma em dois, e em que, como "dois", se transforma em "dez mil coisas", que é como Lao-Tsé chama o mundo manifesto. É assim que o espaço se amplia cada vez mais. Portanto, o mundo e o espaço surgem no mesmo momento.

Nada poderia *ser* sem que houvesse o espaço, ainda que o espaço não seja nada. Mesmo antes que o mundo existisse, antes do "Big Bang" se você preferir, não existia nenhum espaço vazio esperando para ser preenchido. Não existia nenhum espaço, assim como não existia coisa alguma. Só existia o Não Manifesto, a Unidade. Quando a Unidade se transformou em "dez mil coisas", o espaço, de repente, mostrou que estava ali, permitindo que as mil coisas existissem. De onde ele terá surgido? Será que

Deus o criou para acomodar o mundo? Claro que não. O espaço é coisa nenhuma. Portanto, ele nunca foi criado.

Saia de casa em uma noite clara e olhe para o céu. Os milhares de estrelas que podemos ver a olho nu não passam de uma fração infinitesimal do que existe lá por cima. Os telescópios mais potentes já conseguem identificar um bilhão de galáxias, cada uma formando um "mundo isolado", contendo, cada um, bilhões e bilhões de estrelas. Ainda assim, o que inspira mais respeito é o próprio espaço sem fim, a profundidade e a quietude que possibilitam que toda essa grandeza exista. Nada poderia inspirar mais respeito e grandiosidade do que a inconcebível imensidão e quietude do espaço, e, ainda assim, o que ele é? Um vazio, um imenso vazio.

Aquilo que se apresenta para nós como espaço, no nosso mundo percebido através da mente e dos sentidos, é a forma exteriorizada do próprio Não Manifesto. É o "corpo" de Deus. E o grande milagre é que essa quietude e imensidão, que permitem o universo ser, não estão apenas lá no espaço, estão também dentro de nós. Quando estamos inteira e totalmente *presentes*, nós o encontramos como o espaço interior e sereno da mente vazia. Dentro de nós, ele é imenso em profundidade, não em extensão. A extensão espacial é, em última análise, uma percepção distorcida da profundidade infinita, uma característica da realidade transcendental única.

De acordo com Einstein, o espaço e o tempo não são coisas separadas. Não entendo muito bem, mas acho que ele está dizendo que o tempo é a quarta dimensão do espaço. Ele chama isso de "o continuum do tempo e espaço".

Sim. O espaço e o tempo que percebemos são, em essência, uma ilusão, mas contêm um cerne de verdade. Correspondem às duas características essenciais de Deus, que são a infinitude e a eternidade, vistas como se tivessem uma existência externa, fora de nós. Dentro de nós, o espaço e o tempo possuem um equivalente que nos revela não só a verdadeira natureza de cada um deles, como também a de cada um de nós. Enquanto o espaço corresponde à quietude, a infinitamente profunda região da mente vazia, o tempo tem o seu equivalente interno na presença, na percepção do eterno Agora. Lembre-se de que não há diferença entre os dois. Quando o espaço e o tempo são percebidos, em nosso interior, como o Não Manifesto – mente vazia e presença –, o espaço exterior e o tempo continuam a existir para nós, mas perdem a importância. O mundo também continua a existir para nós, mas não nos impõe mais restrições.

Portanto, o objetivo final do mundo não está dentro do mundo, mas na transcendência do mundo. Assim como nós não teríamos consciência do espaço se não houvesse objetos no espaço, o mundo é necessário para que o Não Manifesto seja percebido. Talvez você tenha ouvido o ensinamento budista "se não houvesse ilusão, não haveria a iluminação". É através do mundo e, em última instância, através de *você* que o Não Manifesto é reconhecido. Estamos aqui para tornar possível que o propósito divino do universo se revele. *Veja só como você é importante!*

A MORTE CONSCIENTE

Além do sono sem sonhos, de que já tratei, existe mais um portal involuntário. Ele se abre, por breves momentos, na hora da nossa morte física. Mesmo que tenhamos perdido todas as outras oportunidades de alcançar a realização espiritual durante a vida, um último portal vai se abrir para nós, imediatamente após o nosso corpo ter morrido.

Existem inúmeros relatos de pessoas que descreveram esse portal como uma luz radiante, depois de regressarem do que é comumente conhecido como experiência de quase morte. Muitas pessoas falam também de uma sensação de serenidade abençoada e de uma paz profunda. Em *O Livro Tibetano dos Mortos*,[5] ela é descrita como "o esplendor luminoso da luz branca do Vazio", que seria o "nosso verdadeiro eu". Esse portal abre-se apenas por breves segundos, e, a menos que você tenha encontrado a dimensão do Não Manifesto durante a vida, provavelmente o deixará escapar. Muitas pessoas carregam uma grande resistência residual, muito medo, um forte apego à experiência sensorial, uma enorme identificação com o mundo manifesto. Então, quando veem o portal, afastam-se com medo e depois perdem a consciência. Muito do que acontece depois disso é involuntário e automático. Posteriormente, poderá haver um outro ciclo de nascimento e morte. A presença delas não foi ainda forte o bastante para uma imortalidade consciente.

Então atravessar esse portal não significa destruição?

Como em todos os outros portais, a nossa natureza radiante e verdadeira permanece, mas não a personalidade. Em qualquer caso, aquilo que for verdadeiro ou de real valor em nossa personalidade é que vai se revelar através dela, como a nossa verdadeira natureza. Isso nunca se perde. Nada que seja de valor, nada que seja *real*, jamais será perdido.

A aproximação da morte e a morte em si, a dissolução da forma física, é sempre uma grande oportunidade para uma realização espiritual. Essa oportunidade é tragicamente perdida na maioria das vezes, visto que vivemos em uma cultura que é quase

---

[5] W. Y. Evans-Wentz. *O Livro Tibetano dos Mortos*. Pensamento, 2000.

totalmente ignorante com relação à morte, assim como ignora, quase totalmente, qualquer coisa que realmente importe.

Todo portal é um portal da morte, da morte do falso eu. Quando o atravessamos, deixamos de extrair a nossa identidade da nossa forma psicológica, construída pela mente. Percebemos então que a morte é uma ilusão, do mesmo modo que a nossa identificação com a forma era uma ilusão. O fim da ilusão – é isso o que a morte significa. Ela só é dolorosa enquanto permanecemos presos à ilusão.

capítulo oito

RELACIONAMENTOS ILUMINADOS

ENTRE NO AGORA ONDE QUER QUE VOCÊ ESTEJA

Sempre pensei que a verdadeira iluminação fosse algo impossível, a não ser através do amor entre um homem e uma mulher. Não é isso o que nos faz sentir completos? Como alguém pode ter uma vida plena sem que isso aconteça?

A sua experiência pessoal já lhe mostrou que isso é verdade? Já aconteceu com você?

Ainda não, mas como poderia ser de outro modo? Sei que isso vai acontecer.

Em outras palavras, você está esperando por um acontecimento no tempo que venha lhe salvar. Não é esse o erro principal que temos comentado? A salvação não está em lugar nenhum do tempo e do espaço. Está aqui e agora.

O que quer dizer a frase "a salvação está aqui e agora"? Não entendo isso. Nem mesmo sei o que significa salvação.

Muitas pessoas buscam prazeres físicos, ou formas variadas de gratificação psicológica, porque acreditam que essas coisas trazem felicidade ou as libertam de uma sensação de medo ou de falta de alguma coisa. A felicidade é vista como uma sensação intensa de vivacidade obtida através do prazer físico, ou como uma sensação de um eu interior mais firme ou mais completo, obtida através de alguma forma de gratificação psicológica. Essa é uma busca de salvação que tem origem num estado de insatisfação ou de insuficiência de alguma coisa. Invariavelmente, a satisfação conseguida dessa maneira tem curta duração e, assim, a condição de satisfação ou plenitude é geralmente projetada, mais uma vez, sobre um ponto imaginário, distante do aqui e agora. "Quando eu conseguir *isto* ou me livrar *daquilo*, vou estar bem." Essa é uma disposição mental inconsciente, que cria a ilusão de salvação no futuro.

A verdadeira salvação é satisfação, paz, vida em toda a sua plenitude. É ser quem somos, sentir dentro de nós o bem que não tem opositores, a alegria do Ser que não depende de nada que esteja fora de nós. Não é sentida como uma experiência passageira, mas como uma presença permanente. Na linguagem dos que creem em Deus é "conhecer Deus", não como algo externo a nós, mas sim como a nossa essência mais profunda. A verdadeira salvação consiste em conhecermos a nós mesmos como parte inseparável da Vida Única, livre do tempo e da forma, de onde se origina tudo o que existe.

A verdadeira salvação é um estado de liberdade – do medo, do sofrimento, de uma sensação de insuficiência e de falta de alguma coisa e, portanto, de todos os desejos, necessidades, cobiça e dependência. É libertar-se do pensamento compulsivo, da negatividade e, acima de tudo, do passado e do futuro como uma necessidade psicológica. A nossa mente está dizendo que, do jeito que as coisas estão agora, não vamos conseguir chegar lá. Tem de acontecer alguma coisa, ou temos de nos tornar isso ou aquilo. Ela está dizendo, na verdade, que precisamos do tempo, que precisamos encontrar, negociar, fazer, conseguir, adquirir, compreender ou nos tornar alguém, antes de nos sentirmos livres e satisfeitos. Vemos o tempo como um meio de salvação, quando, na verdade, ele é o grande obstáculo para a salvação. Imaginamos que não podemos chegar lá a partir do ponto em que estamos ou de quem somos neste momento, porque não nos sentimos ainda completos ou bons o bastante. Mas a verdade é que o aqui e agora é o único ponto de partida para *poder* chegar lá. "Chegamos" lá ao perceber que já *estamos lá*. Encontramos Deus no momento em que descobrimos que não precisamos procurar Deus. Portanto, não existe apenas *um* caminho para a salvação. Várias circunstâncias podem ser usadas, não é necessário uma em particular. Entretanto, só existe um ponto de acesso: o Agora. Não existe salvação longe deste momento. Você está só, sem uma companhia? Acesse o Agora a partir da sua solidão. Você tem um relacionamento? Acesse o Agora a partir desse relacionamento.

Não existe nada que possamos fazer, ou obter, que nos aproxime mais da salvação do que o momento presente. Não podemos fazer isso no futuro. Ou fazemos agora ou simplesmente não fazemos.

§

RELAÇÃO DE AMOR E ÓDIO

A menos que você acesse a frequência consciente da presença, todos os seus relacionamentos, principalmente os mais íntimos, vão apresentar defeitos profundos. Durante um tempo, eles podem dar a impressão de serem perfeitos, como quando estamos apaixonados, mas, invariavelmente, essa perfeição aparente acaba destruída por discussões, conflitos, insatisfações e até mesmo por violência física e emocional, que passa a acontecer com uma frequência cada vez maior. Parece que a maioria dos "relacionamentos amorosos" não leva muito tempo para se tornar uma relação de amor e ódio.

O amor pode se transformar em agressões furiosas, em sentimentos de hostilidade ou, num piscar de olhos, em um completo recuo da afeição. Isso é visto como normal. Os relacionamentos, então, oscilam por um tempo, por alguns meses ou anos, entre as polaridades de "amor" e ódio, e nos trazem muito prazer e muita dor. Não é pouco comum que os casais se tornem viciados nesses ciclos. Esse tipo de drama nos faz sentir vivos. Quando o equilíbrio entre as polaridades negativa e positiva é desfeito e os ciclos negativos e destrutivos acontecem com frequência e intensidade crescentes, não demora muito para o relacionamento acabar.

Pode parecer que tudo se resolveria se conseguíssemos eliminar os ciclos negativos e destrutivos, permitindo que o relacionamento florescesse sem problemas, mas isso não é possível. As polaridades são mutuamente interdependentes. Não podemos ter uma sem a outra. A positiva já contém dentro de si a negativa, ainda não manifestada. Ambas são, na verdade, aspectos diferentes de um mesmo sistema defeituoso. Estou tratando aqui dos chamados relacionamentos românticos, não do verdadeiro amor, que não possui opositores porque nasce além da mente. O amor como um estado permanente ainda é raro de encontrar, tão raro quanto a consciência nos seres humanos. Entretanto, é possível haver lampejos breves e ilusórios de amor, sempre que existir um espaço no fluxo da mente.

O lado negativo de um relacionamento é mais facilmente reconhecido como um defeito ou anormalidade do que o positivo. E é muito mais fácil reconhecer a fonte da negatividade no parceiro do que vê-la em nós mesmos. Ela pode se manifestar de várias formas, tais como possessividade, ciúme, controle, ressentimento, insensibilidade e egocentrismo, cobranças emocionais e manipulação, raiva e violência física, necessidade de ter sempre razão, de discutir, criticar, julgar, culpar, agredir, irritar, ou se vingar, inconscientemente, de um sofrimento do passado imposto por um dos pais.

Pelo lado positivo, há uma "paixão" pela outra pessoa. No primeiro momento, esse é um estado altamente gratificante. Sentimos que estamos intensamente vivos. Nossa existência passa a ter um significado porque, de repente, alguém precisa de nós, nos deseja, e nos faz sentir especial. Além disso, provocamos as mesmas sensações no outro, o que faz com que os dois se sintam completos. O sentimento pode se tornar tão intenso que o resto do mundo perde o significado.

Você deve ter percebido que existe uma certa dependência nessa intensidade. Ficamos viciados na outra pessoa, que age sobre nós como uma droga. Quando a droga está disponível, nos sentimos muito bem. Mas a possibilidade, ainda que remota, de que ela não esteja mais ali, disponível para nós, pode levar ao ciúme, à possessividade, a tentativas de manipulação através de chantagem emocional, culpa ou acusações – o que, no fundo, é o medo da perda. Se a outra pessoa nos abandonar mesmo, pode fazer nascer a mais intensa hostilidade, ou um profundo desespero. Em segundos, a ternura amorosa pode dar lugar à agressão selvagem ou a um desgosto terrível. Onde é que está o amor agora? Será que o amor pode se transformar no seu oposto em segundos? Será que era amor de verdade ou um vício, uma dependência?

O VÍCIO E A BUSCA DA PLENITUDE

Por que nos viciaríamos na outra pessoa?

O desejo de ter um relacionamento amoroso é universal porque as pessoas acreditam que a paixão, o "amor", pode libertá-las do medo, da necessidade e do vazio que fazem parte da condição humana em seu estado de pecado e não iluminação. Existe uma dimensão física e outra psicológica para esse estado.

No nível físico, é obvio que não somos um todo, nem jamais seremos. Cada um de nós é homem ou mulher, o que vale dizer, uma metade de um todo. Nesse nível, o desejo de ser completo, de retornar à unidade, se manifesta através da atração entre homem e mulher. É um impulso quase irresistível de união com a polaridade oposta de energia. A raiz desse impulso físico é espiritual, porque nele está o desejo ardente do fim de uma dualidade, de um retorno ao estado de completude. A união sexual é o mais perto que podemos chegar desse estado no nível físico. Essa é a razão pela qual ela é a experiência mais satisfatória que o reino físico pode nos oferecer. Mas a união sexual não passa de um lampejo breve de plenitude, um instante abençoado. Enquanto ela for inconscientemente vista como um meio de salvação, você a verá como o fim da dualidade no nível da forma, um lugar onde ela não pode ser encontrada. Você teve um lampejo do paraíso, mas não pode ficar ali e se percebe, de novo, em um corpo separado.

No nível psicológico, a sensação de falta, de não estar completo, é até maior do que no nível físico. Enquanto houver uma identificação com a mente, o sentido do eu interior é dado pelas coisas externas. Isso significa que você extrai o sentido de quem você é de coisas que não têm nada a ver com quem você realmente é, como o seu papel na sociedade, suas propriedades, sua aparência externa, seus sucessos e fracassos, seus sistemas de crenças, etc. Esse eu interior falso, o ego construído pela mente, sente-se vulnerável, inseguro e está sempre em busca de coisas novas com as quais se identificar, para obter a sensação de que ele existe. Mas nada é suficiente para lhe dar uma satisfação duradoura. O medo permanece. A sensação de falta e de necessidade permanecem.

Então acontece aquele relacionamento especial. Parece ser a resposta para todos os problemas do ego, parece preencher todas as nossas necessidades. Todas aquelas outras coisas das quais você tinha extraído o sentido do eu interior se tornam relativamente insignificantes. Você agora tem um ponto focal que substitui todos os outros, que dá sentido à sua vida e até define a sua identidade: a pessoa por quem você se "apaixonou". Você não é mais um fragmento isolado em um mundo insensível. Seu mundo agora tem um centro, a pessoa amada. O fato de que o centro está fora de você – e, portanto, você ainda tem um sentido de eu interior derivado das coisas externas – parece não importar muito num primeiro momento. O que importa é que aquelas sensações de medo, falta, vazio e insatisfação não estão mais presentes. Ou será que estão? Será que elas desapareceram ou continuam a existir por baixo da aparente felicidade?

Se em seus relacionamentos você vivenciou tanto o "amor" quanto o seu oposto, então é provável que você esteja confundindo o apego do ego e a dependência com amor. Não se pode amar alguém em um momento e atacar essa pessoa no momento seguinte. O verdadeiro amor não tem oposto. Se o seu "amor" tem oposto, então não é amor, mas uma grande necessidade do ego de obter um sentido mais profundo e mais completo do eu interior, uma necessidade que a outra pessoa preenche temporariamente. É uma forma de substituição que o ego encontrou e, por um curto período, ela parece ser mesmo a salvação.

Chega então um momento em que o outro passa a se comportar de um modo que deixa de preencher as nossas necessidades, ou melhor, as necessidades do nosso ego. As sensações de medo, sofrimento e falta, que estavam encobertas pelo "relacionamento amoroso", voltam a aparecer. Como acontece com qualquer vício, ficamos muito bem enquanto a droga está disponível, mas chega um momento em que a droga não funciona mais. Quando essas dolorosas sensações de medo reaparecem, nós as sentimos mais fortes do que antes e passamos a ver o outro como a *causa* de todas essas sensações. Isso significa que estamos projetando no outro essas sensações, por isso nós o agredimos com toda a violência que é parte do nosso sofrimento. Essa agressão pode despertar o sofrimento do outro, que é induzido a contra-atacar. Nesse ponto, o ego ainda está, inconscientemente, esperando que a agressão ou a tentativa de manipulação seja suficiente para levar o outro a mudar o comportamento, de forma que possa usá-lo, de novo, para encobrir seu sofrimento.

Todo vício surge de uma recusa inconsciente de encararmos nossos próprios sofrimentos. Todo vício começa no sofrimento e termina nele. Qualquer que seja o vício – álcool, comida, drogas legais ou ilegais, ou mesmo uma pessoa –, ele é um meio que usamos para encobrir o sofrimento. Essa é a razão por que, passada a euforia inicial, existe tanta infelicidade, tanto sofrimento nos relacionamentos íntimos. Eles não causam o sofrimento e a infelicidade. Eles *trazem à superfície* o sofrimento e a infelicidade que já estão dentro de nós. Todo vício faz isso. Todo vício chega a um ponto em que já não funciona mais para nós e, então, sentimos o sofrimento mais forte do que nunca.

Essa é uma razão pela qual muitas pessoas estão sempre tentando escapar do momento presente e buscando algum tipo de salvação no futuro. A primeira coisa que devem encontrar, caso focalizem a atenção no Agora, é o próprio sofrimento que carregam, e é isso o que mais temem. Se ao menos soubessem como, no Agora, é fácil acessar o poder da presença que dissolve o passado e o sofrimento. Se ao menos soubessem como estão perto da própria realidade, como estão perto de Deus.

Evitar se relacionar como uma tentativa de evitar o sofrimento também não é a resposta. O sofrimento está lá, de qualquer jeito. Três relacionamentos infelizes em alguns anos têm mais probabilidades de forçar você a acordar do que três anos em uma ilha deserta ou trancafiado em seu quarto. Mas, se você pudesse colocar uma presença intensa em sua solidão, isso também funcionaria para você.

§

TRANSFORMANDO AS RELAÇÕES VICIADAS EM RELAÇÕES ILUMINADAS

Podemos transformar um relacionamento viciado em um relacionamento verdadeiro?

Sim, se estivermos presentes e aumentarmos a nossa presença, concentrando a atenção cada vez mais fundo no Agora. A chave do segredo será sempre essa, não importa se você está vivendo só ou com alguém. Para o amor florescer, a luz da nossa presença tem de ser forte o bastante, de modo a impedir que o pensador ou o sofrimento do corpo nos domine. Saber que cada um de nós é o Ser por baixo do pensador, a serenidade por baixo do barulho mental, o amor e a alegria por baixo da dor, significa liberdade, salvação e iluminação. Pôr fim à identificação com o sofrimento do corpo é trazer a presença para o sofrimento e, assim, transformá-lo. Pôr fim à identificação com o pensamento é ser o observador silencioso dos próprios pensamentos e atitudes, em especial dos padrões repetitivos gerados pela mente e dos papéis desempenhados pelo ego.

Se paramos de injetar "autossuficiência" na mente, ela perde sua qualidade compulsiva, que é o impulso para julgar e, desse modo, criar uma resistência ao que *é*, dando origem a conflitos, tragédias e novos sofrimentos. Na verdade, no momento em que paramos de julgar, no instante em que aceitamos aquilo que é, ficamos livres da mente e abrimos espaço para o amor, para a alegria e para a paz. Em primeiro lugar, paramos de nos julgar, depois paramos de julgar o outro. O grande elemento catalisador para mudarmos um relacionamento é a completa aceitação do outro do jeito que ele é, sem querermos julgar ou modificar nada. Isso nos leva imediatamente para além do ego. Nesse momento, todos os jogos mentais e toda a dependência viciada deixam de existir. Não existe mais vítima nem agressor, acusador nem acusado. Esse é também o fim da dependência, de uma atração pelo padrão inconsciente do outro. Você, então, ou vai se afastar – com amor – ou penetrar cada vez mais fundo no Agora junto com o outro. É simples assim.

O amor é um estado do Ser. Não está do lado de fora, está bem lá dentro de nós. Não temos como perdê-lo e ele não consegue nos deixar. Não depende de um outro corpo, de nenhuma forma externa. Na serenidade do estado de presença, podemos sentir a nossa própria realidade sem forma e sem tempo, que é a vida não manifesta que dá vitalidade à nossa forma física. Conseguimos, então, sentir essa mesma vida lá no fundo de outro ser humano, de cada criatura. Conseguimos enxergar além do véu opaco da forma e da desunião. Essa é a realização da unidade. Isso é amor.

O que é Deus? A eterna Vida Única debaixo de todas as formas de vida. O que é o amor? Sentir profundamente a presença dessa Vida Única em nós e dentro de todas as criaturas. Portanto, todo amor é o amor de Deus.

O amor não é seletivo, assim como a luz do sol não é seletiva. Não torna ninguém especial. Não é exclusivo. A exclusividade não tem a ver com o amor de Deus, mas com o "amor" do ego.

Entretanto, a intensidade do amor pode variar. Pode haver uma pessoa que atue como um espelho do amor que você dirige a ela e que o devolva de modo mais claro e mais intenso do que outras e, se essa pessoa sente o mesmo em relação a você, pode-se dizer que as duas têm um relacionamento amoroso. O vínculo que liga as duas pessoas é o mesmo vínculo que nos liga à pessoa sentada ao nosso lado no ônibus, ou a um pássaro, a uma árvore, a uma flor. Só o que diferencia é o grau de intensidade com que o sentimos.

Mesmo em um relacionamento tido como viciado, podem existir momentos em que alguma coisa mais real se destaca, algo além das necessidades doentias do casal. São momentos em que a sua mente e a do outro cedem por um curto período e o sofrimento do corpo fica, temporariamente, adormecido. Isso pode acontecer durante uma relação física mais intensa, ou quando o casal está presenciando o milagre do nascimento de uma criança, ou na presença da morte, ou quando um dos dois está seriamente doente, ou qualquer coisa que faça a mente perder a força. Nessas ocasiões, o Ser, normalmente escondido debaixo da mente, se revela e torna possível o verdadeiro entendimento.

O verdadeiro entendimento é uma comunhão, a realização da unidade, que é o amor. Normalmente, esse entendimento desaparece rapidamente. Tão logo a mente e a identificação da mente reaparecem, deixamos de ser quem somos e voltamos a brincar e a representar para satisfazer as necessidades do ego. Voltamos, de novo, a ser uma mente humana, fingindo ser um ser humano, interagindo com outra mente, representando um drama chamado "amor."

Embora possa haver curtos lampejos, o amor não consegue florescer, a menos que estejamos permanentemente livres da identificação com a mente e que a presença seja bastante intensa para dissolver o sofrimento do corpo. Assim, o sofrimento não consegue nos dominar e destruir o amor.

Quando a mente e todas as estruturas sociais, políticas e econômicas que ela criou entram no estágio final de colapso, os relacionamentos entre homens e mulheres refletem o profundo estado de crise no qual a humanidade se encontra atualmente. Como os seres humanos têm se identificado cada vez mais com a mente, a maioria dos relacionamentos não tem as raízes fincadas no Ser. Por isso, se transformam em fonte de sofrimento e passam a ser dominados por problemas e conflitos.

Nos dias de hoje, milhões de pessoas vivem sós ou criam os filhos sozinhas, por se sentirem incapazes de estabelecer um relacionamento íntimo ou por não desejarem repetir os dramas doentios de relações anteriores. Outras passam de um relacionamento para outro, de um ciclo de prazer-e-dor para outro, em busca de uma satisfação ilusória, através da união com a polaridade de energia oposta. Outras continuam a viver juntas em um relacionamento em que prevalece a negatividade, em nome dos filhos ou da segurança, pela força do hábito, por medo de ficarem sós, por algum outro acordo "vantajoso" para o casal, ou até mesmo pelo vício inconsciente da excitação provocada pelo sofrimento ou drama emocional.

Porém, toda crise representa não só perigo, mas também oportunidade. Se os relacionamentos energizam e elevam os padrões da mente egoica e ativam o sofrimento do corpo, como está acontecendo agora, por que não aceitar esse fato em vez de tentar escapar dele? Por que não cooperar com ele em vez de evitar relacionamentos ou continuar a perseguir a ilusão de uma companhia ideal, como uma resposta para os problemas ou um meio de encontrar satisfação? A oportunidade escondida dentro de cada crise não se manifesta, até que sejam conhecidos e aceitos todos os fatos, de qualquer tipo, relacionados a uma situação.

Enquanto você negá-los, tentar fugir deles ou desejar que as coisas sejam diferentes, a janela da oportunidade não se abre, e você permanece preso àquela situação, que vai continuar a mesma ou vai se deteriorar mais adiante.

O conhecimento e a aceitação dos fatos trazem também um certo grau de distanciamento deles. Por exemplo, quando você *sabe* que existe desarmonia e retém esse "saber", significa que surgiu um novo fator através do seu saber e que a desarmonia não poderá se manter inalterada. Quando você *sabe* que não está em paz, o seu saber cria um espaço de serenidade que envolve a falta de paz em um abraço terno e amoroso, e então transforma a falta de paz em paz. No que se refere à transformação interior, não há nada que você possa *fazer* a respeito. Você não pode transformar a si mesmo, e é claro que não pode transformar seu companheiro ou qualquer pessoa. Tudo que você pode *fazer* é criar um espaço para a transformação acontecer, para a graça e o amor penetrarem.

§

Portanto, sempre que o seu relacionamento não estiver bom, sempre que fizer aflorar a "loucura" em você e em seu parceiro, fique feliz. O que estava inconsciente está vindo à luz. É uma chance de salvação. Sustente, a cada instante, o saber de cada momento, em especial o do seu estado interior. Se houver raiva, *saiba* que é raiva. Se houver ciúme, defesa, um impulso para discutir, uma necessidade de ter sempre razão, uma criança interior reclamando amor e atenção, ou um sofrimento emocional de qualquer tipo, seja o que for, *saiba* a realidade do momento e sustente esse conhecimento. O relacionamento passa a ser o seu *sadhana*, a sua prática espiritual. Se você notar um comportamento inconsciente no parceiro, prenda-o no abraço amoroso do seu saber, de modo que você não tenha uma reação. A inconsciência e o conhecimento não conseguem conviver por muito tempo, mesmo que o conhecimento esteja só com uma pessoa e a outra não tenha consciência do que está fazendo. A forma de energia que existe por trás da agressão e da hostilidade acha a presença do amor absolutamente insuportável. Se você reage à inconsciência do seu parceiro, você também fica inconsciente. Mas se você ficar alerta à sua reação, nada está perdido.

A humanidade está sob uma grande pressão para se desenvolver, porque é a sua única chance de sobreviver como raça. Isso vai afetar cada aspecto da nossa vida e de nossos relacionamentos. Nunca antes os relacionamentos foram tão problemáticos e oprimidos por conflitos como hoje em dia. Você deve ter notado que eles não aparecem para nos fazer felizes ou satisfeitos. Se você continuar buscando um relacionamento como forma de salvação, vai se desiludir cada vez mais. Mas, se você aceitar que o relacionamento está aqui para tornar você *consciente* em lugar de feliz, então o relacionamento *vai* lhe oferecer a salvação e você estará se alinhando com a mais alta consciência que quer nascer neste mundo. Para os que se mantiverem apegados aos padrões antigos, haverá cada vez mais sofrimento, violência, confusão e loucura.

Suponho que sejam necessárias duas pessoas para transformar um relacionamento em uma prática espiritual, conforme você sugeriu. O meu parceiro, por exemplo, continua com suas antigas atitudes de ciúme e controle. Já chamei a atenção para isso inúmeras vezes, mas ele é incapaz de perceber.

Quantas pessoas são necessárias para transformar a sua vida em uma prática espiritual? Não se incomode caso o parceiro não queira cooperar. É através de você que a sanidade, ou seja, a consciência, consegue chegar a este mundo. Você não tem de esperar o mundo se curar, ou alguém se tornar consciente, antes de poder alcançar a iluminação. Pode ter de esperar para sempre. Não acuse o outro de não ter consciência. No momento em que a discussão começar, é sinal de que você passou a se identificar com uma posição mental e a defender não só aquela posição, mas também o seu sentido do eu interior. O ego está no comando. Você acabou de ficar inconsciente. Às vezes, isso pode servir para apontar certos aspectos do comportamento do parceiro. Se você estiver muito alerta, muito presente, pode agir sem o envolvimento do ego: sem culpar, acusar, ou fazer o outro se sentir errado.

Se o outro se comportar de modo inconsciente, abandone qualquer julgamento. O julgamento tanto serve para as pessoas confundirem o comportamento inconsciente com quem elas são de verdade quanto para projetar a própria inconsciência sobre a outra pessoa e se enganar por causa *disso* sobre quem elas são. Abandonar qualquer julgamento não significa não reconhecer a disfunção e a inconsciência quando deparar com ela. Significa "ser o saber", e não "ser a reação" e o juiz. Você não vai nem querer reagir ou poderá reagir e ainda assim ser o saber, o espaço no qual a reação é observada e onde ela se permite existir. Em vez de brigar com o escuro, você traz a luz. Em vez de reagir a uma desilusão, você vê a desilusão, mas, ao mesmo tempo, enxerga através dela. Ser o saber cria um espaço nítido de presença amorosa que permite a todas as coisas e pessoas serem como são. Não existe maior catalisador para que a transformação aconteça. Se você adotar essa prática, o outro não conseguirá ficar com você *e* permanecer inconsciente.

Se os dois concordarem em fazer do relacionamento uma prática espiritual do casal, tanto melhor. Podem contar ao outro os pensamentos e sentimentos tão logo apareçam, ou assim que uma reação desponte, de forma que não haja tempo para surgir um espaço em que uma emoção não dita, ou desconhecida, ou uma queixa, possam se agravar e se desenvolver. Aprenda a expressar os seus sentimentos sem culpar ninguém. Aprenda a ouvir o parceiro de um modo aberto, sem reservas. Dê ao parceiro espaço para se expressar. Esteja presente. Acusar, defender, atacar – todos esses padrões destinados a fortalecer ou proteger o ego ou a atender às necessidades dele irão se tornar supérfluos. Dar espaço aos outros – e a si mesmo – é fundamental. O amor não consegue florescer sem isso. Quando você tiver removido os dois fatores que destroem os relacionamentos e o seu parceiro tiver feito o mesmo, vocês vão sentir a alegria do desabrochar do relacionamento. Em vez de refletir o sofrimento e a inconsciência, em vez de satisfazer as necessidades mútuas viciadas do ego, vocês vão refletir para o outro o amor que sentem lá no fundo, que surge com a realização da unidade de cada ser com tudo o que existe. Esse é o amor que não tem opositores.

Se o seu parceiro continua identificado com a mente e com o sofrimento, mas você já se libertou deles, vai ser um grande desafio. Não para você, mas sim para ele. Não é fácil conviver com uma pessoa iluminada, ou melhor, é *tão* fácil que o ego acha extremamente ameaçador. Lembre-se de que o ego precisa de problemas, disputas e "inimigos" para fortalecer o sentido de separação de onde tira a sua identidade. A mente do parceiro não iluminado ficará profundamente frustrada porque não encontrará resistência às suas posições rígidas, o que significa que ela vai se tornar insegura e enfraquecida, além do "perigo" de essas posições desabarem todas juntas, resultando na perda do eu interior. O sofrimento do corpo pedirá uma resposta, mas não irá obtê-la. Sua necessidade de discussões, dramas e disputas não será atendida. Mas atenção: algumas pessoas que são fechadas, retraídas, insensíveis, ou distanciadas dos sentimentos podem imaginar que são iluminadas e tentar convencer os outros disso. Elas podem sustentar que não existe "nada errado" com elas e que o erro está no parceiro. Os homens têm mais tendência a agir assim do que as mulheres. Talvez vejam suas mulheres como irracionais ou emocionais. Mas, se você consegue sentir suas emoções, não está muito distante do radiante eu interior que está logo ali sob elas. Se você age mais com a cabeça, a distância é muito maior e você vai precisar colocar emoção no corpo antes de poder alcançar o corpo interior.

Se não houver uma emanação de amor e de alegria, uma presença completa e uma abertura na direção de todos os seres, então não é iluminação. Outro fator indicativo é o modo da pessoa se comportar em situações difíceis ou desafiadoras, ou quando as "coisas vão mal". Se a sua "iluminação" é uma ilusão egoica do eu interior, a vida logo vai lhe aprontar um desafio, que fará aflorar a inconsciência sob qualquer forma – medo, raiva, defesa, julgamento, depressão, etc. Se você estiver em um relacionamento, muitos desses desafios vão se manifestar através do seu parceiro. Por exemplo, uma mulher pode ser desafiada por um homem indiferente, que vive quase exclusivamente em seu próprio mundo. O desafio está na inabilidade dele em *ouvi-la*, em não dar a ela atenção e espaço para ser alguém, decorrente da falta de presença dele. A ausência de amor no relacionamento, que normalmente é mais percebida pela mulher do que pelo homem, vai desencadear o sofrimento na mulher. Através dele, ela vai atacar o parceiro: culpando-o, criticando-o, atribuindo-lhe o erro, etc. Agora, o desafio passou a ser *dele*. Para se defender contra a agressão desencadeada pelo sofrimento dela, que considera totalmente sem razão, ele vai se aferrar, cada vez mais, às suas posições mentais, enquanto se justifica, se defende ou contra-ataca. Isso, no fim, pode até mesmo vir a ativar o sofrimento dele. Quando as duas partes foram dominadas, é sinal que atingiram um nível de profunda inconsciência. Isso não vai ceder até que as duas partes tenham se abastecido de muito sofrimento e entrado então no estágio de calmaria. Até que tudo volte a acontecer.

Cada desafio como o que descrevi acima contém uma oportunidade disfarçada para atingirmos a salvação. Por exemplo, a hostilidade da mulher pode se tornar um sinal para o homem sair do seu estado identificado com a mente, despertar no Agora, estar presente – em vez de ficar cada vez mais inconsciente. Em vez de "ser" o sofrimento, a mulher poderia ser o saber que observa o sofrimento emocional em si mesma, acessar o poder do Agora e iniciar a transformação do sofrimento. Isso iria evitar a projeção compulsiva e automática do sofrimento para o mundo exterior. Poderia expressar seus sentimentos para o seu parceiro. Naturalmente, não há uma garantia de que ele vá escutar, mas é uma boa oportunidade para ele se tornar presente e quebrar o ciclo doentio de uma representação involuntária de seus velhos padrões mentais. Se a mulher perder essa oportunidade, o homem poderá observar a sua própria reação emocional e mental ao sofrimento dela, a maneira como ele se coloca na defensiva, em vez de *ser* a reação. Poderá então identificar o momento em que começa o seu próprio sofrimento e trazer consciência às suas emoções. Assim, um espaço de consciência pura, claro e sereno, passaria a existir – o saber, a testemunha silenciosa, o observador. Essa consciência não nega o sofrimento e, mais que isso, está além dele. Permite que o sofrimento aconteça, ao mesmo tempo que o transforma. Ela tudo aceita e tudo transforma. A mulher poderia facilmente se juntar a ele nesse espaço, através da porta que acabou de ser aberta.

POR QUE AS MULHERES ESTÃO MAIS PRÓXIMAS DA ILUMINAÇÃO

Os obstáculos para a iluminação são os mesmos para homens e mulheres?

São, mas com uma ênfase diferente. De uma maneira geral, é mais fácil para uma mulher sentir e estar em seu corpo, e, portanto, ela é naturalmente mais próxima do Ser e potencialmente mais próxima da iluminação do que o homem. Essa é a razão pela qual muitas culturas antigas instintivamente escolhiam figuras ou analogias femininas para representar ou descrever a realidade transcendental e sem forma. Eram vistas como o ventre que dá à luz a todas as coisas, as sustenta e as alimenta durante a vida como forma. No *Tao Te Ching*, um dos livros mais antigos e profundos escrito em todos os tempos, o *Tao*, que pode ser traduzido como o *Ser*, é descrito como "infinito, eternamente presente, a mãe do universo". Naturalmente, as mulheres estão mais próximas dele do que os homens porque elas "corporificam" o Não Manifesto. Além disso, todas as criaturas e todas as coisas, no final, voltam à Fonte. "Todas as coisas se desfazem no *Tao*. Só ele permanece." Como a fonte é vista como feminina, ela é representada na psicologia e na mitologia como os lados claro e escuro do arquétipo feminino. A Deusa ou Mãe Divina tem dois aspectos: dá e tira a vida.

Quando a mente tomou o poder e os seres humanos perderam contato com a realidade da essência divina, eles começaram a pensar sobre Deus como uma figura masculina. A sociedade passou a ser dominada pelos homens, e as mulheres foram subordinadas a eles.

Não estou sugerindo um retorno às primeiras representações femininas da divindade. Muitas pessoas empregam atualmente a palavra *Deusa* em vez de *Deus*. Estão dando uma nova roupagem ao equilíbrio entre homem e mulher, perdido há muito tempo, e isso é bom. Porém, ainda é uma representação e um conceito, talvez com alguma utilidade temporária, assim como um mapa ou um sinal é útil por um tempo, embora funcione mais como um impedimento do que como uma ajuda, quando alguém está pronto para perceber a realidade existente além de todos os conceitos e imagens. O que permanece mesmo verdade, entretanto, é que a frequência de energia da mente parece ser essencialmente masculina. A mente resiste, briga pelo controle, usa, manipula, agride, tenta se apoderar e possuir, etc. Essa é a razão pela qual o Deus tradicional é uma figura patriarcal, uma autoridade controladora, um homem sempre furioso, que devemos temer, como sugere o Velho Testamento. Esse Deus é uma projeção da mente humana.

Para irmos além da mente e nos religarmos à profunda realidade do Ser, são necessárias qualidades muito diferentes: entrega, não julgamento, uma abertura que permita a vida existir em vez de resistir, a capacidade de sustentar todas as coisas no amoroso abraço do saber. Todas essas qualidades têm muito mais a ver com o princípio feminino. Onde a energia da mente é pesada e rígida, a energia do Ser é leve e macia, mas ainda assim é muito mais poderosa do que a mente. A mente governa a nossa civilização, enquanto o Ser é o encarregado de todas as formas de vida em nosso planeta e além dele. O Ser é a própria Inteligência cuja manifestação visível é o universo físico. Embora as mulheres estejam potencialmente mais próximas dele, os homens também conseguem ter acesso a ele, dentro de si mesmos.

Neste momento, a imensa maioria dos homens e das mulheres ainda está sob o domínio da mente. É ela que impede a iluminação e o florescimento do amor. Como regra geral, o maior obstáculo para os homens tende a ser a mente pensante, enquanto o maior obstáculo para as mulheres é o sofrimento, embora em casos isolados o oposto possa ser verdade, e em outros os dois fatores possam ter o mesmo peso.

DISSOLVENDO O SOFRIMENTO COLETIVO FEMININO

Por que o sofrimento é um obstáculo maior para as mulheres?

O sofrimento, em geral, tem um aspecto coletivo e um individual. O aspecto pessoal é o resíduo acumulado de problemas e sofrimentos emocionais que a própria pessoa vivenciou no passado. O aspecto coletivo é o sofrimento acumulado na psique da humanidade por milhares de anos, através de doenças, torturas, guerras, assassinatos, crueldades, loucuras, etc. O sofrimento de cada um de nós também participa desse sofrimento coletivo. Por exemplo, certas raças ou países, onde ocorrem formas extremas de lutas e de violência, possuem um sofrimento coletivo mais intenso do que outros. Qualquer pessoa com um forte sofrimento e sem consciência bastante para se desligar dele não só será forçada, de modo contínuo ou periódico, a reviver o sofrimento emocional, mas também pode facilmente se tornar autor ou vítima da violência. Por outro lado, essas pessoas também podem estar potencialmente mais próximas da iluminação. Claro que esse potencial nem sempre se realiza, mas, se você tiver um pesadelo, provavelmente terá mais motivos para despertar do que alguém que acabou de ter um sonho comum sobre as dificuldades da vida.

Além do sofrimento pessoal, cada mulher tem participação naquilo que pode ser descrito como o sofrimento feminino coletivo, a menos que ela esteja plenamente consciente. Consiste no sofrimento acumulado vivido por cada mulher, em parte pela dominação dos homens sobre as mulheres, pela escravidão, exploração, estupro, partos, perda dos filhos, etc., durante milhares de anos. O sofrimento físico e emocional, que para muitas mulheres precede e coincide com o fluxo menstrual, é o sofrimento em seu aspecto coletivo despertando da sua dormência naquele momento, embora possa ser detonado também em outras ocasiões. Ele restringe o livre fluxo de energia vital através do corpo, da qual a menstruação é uma manifestação física. Vamos nos deter um pouco nesse assunto e ver como pode se tornar uma oportunidade para a iluminação.

Com frequência, a mulher é "dominada" pelo sofrimento físico e emocional nesse período. Ele tem uma carga energética poderosa, que pode facilmente empurrá-la para uma identificação inconsciente com ele. Você é, então, possuída por um campo de energia que ocupa o seu espaço interior e finge ser você – mas não é você de jeito nenhum. Ele fala através de você, age através de você, pensa através de você. Vai criar situações negativas em sua vida de tal modo que ele possa se alimentar da energia. Já descrevi esse processo. Ele pode ser vicioso e destrutivo. É o sofrimento puro, o sofrimento do passado, e não é você.

O número de mulheres que estão se aproximando do estado de consciência plena já ultrapassa o dos homens e vai crescer ainda mais rápido nos próximos anos. Os homens poderão alcançá-las no final, mas por um tempo considerável haverá uma distância entre a consciência masculina e a feminina. As mulheres estão recuperando a função que é um direito natural delas: ser uma ponte entre o mundo manifesto e o Não Manifesto, entre a materialidade e o espírito. A sua tarefa principal agora, como mulher, é transformar o sofrimento de forma que ele não mais se interponha entre você e o seu verdadeiro eu interior. Naturalmente, você também tem de lidar com o outro obstáculo à iluminação, que é a mente pensante, mas a presença intensa que você produz quando lida com o sofrimento também vai libertá-la da identificação com a mente.

A primeira coisa para lembrar é que, enquanto você construir a sua identidade em função do sofrimento, não conseguirá se livrar dele. Enquanto investir uma parte do seu sentido de eu interior no seu sofrimento emocional, você vai resistir ou sabotar, inconscientemente, cada tentativa para curar o sofrimento. Por quê? Porque você quer se manter inteiro e o sofrimento se tornou uma parte essencial de você. Esse é um processo inconsciente e o único caminho para superá-lo é torná-lo consciente.

Perceber, de repente, que você está ou tem estado presa ao sofrimento pode lhe causar um choque. No momento em que percebe isso, você acabou de romper com a ligação. O sofrimento é um campo de energia, quase como uma entidade que se alojou temporariamente no seu espaço interior. É a energia da vida que foi aprisionada, uma energia que não está mais fluindo. Claro que o sofrimento está ali por causa de certas coisas que aconteceram no passado. Ele *é* o passado vivo em você. E, se você se identifica com ele, se identifica com o passado. Uma identidade-vítima acredita que o passado é mais poderoso do que o presente, o que não é verdade. É a crença de que outras pessoas e o que fizeram a você são responsáveis pelo que você é hoje, pelo seu sofrimento emocional, ou por sua incapacidade de ser o verdadeiro eu interior. A verdade é que o único poder está bem aqui neste momento: o poder da sua presença. Uma vez que saiba disso, perceberá também que só *você* é responsável pelo seu espaço interior neste momento e que o passado não consegue prevalecer contra o poder do Agora.

§

Portanto, a identificação impede você de lidar com o sofrimento. Algumas mulheres, conscientes o bastante para abandonar a identidade de vítima no nível pessoal, ainda estão presas a uma identidade coletiva de vítima, que atribuem ao que "os homens fizeram às mulheres". Elas estão certas, mas também estão erradas. Estão certas porque o sofrimento coletivo feminino *é*, em grande parte, decorrente da violência masculina infligida às mulheres, bem como da repressão dos princípios femininos por todo o planeta, durante milênios. Estão erradas se extraírem o sentido do eu interior desse fato e, assim, se mantiverem aprisionadas em uma identidade coletiva de vítima. Se uma mulher continua agarrada à raiva, a ressentimentos ou condenações, ela continua agarrada ao seu sofrimento. Isso pode dar a ela um reconfortante sentido de identidade, de solidariedade com outras mulheres, mas a mantém escravizada ao passado e bloqueia um acesso integral à sua essência e ao poder verdadeiro. Se as mulheres se afastam dos homens, favorecem um sentido de separação e, portanto, um fortalecimento do ego. E quanto mais forte o ego, mais distante você está da sua verdadeira natureza.

Assim, não use o sofrimento para criar uma identidade. Use-o, em vez disso, para a iluminação. Transforme-o em consciência. Uma das melhores épocas para fazer isso é durante a menstruação. Acredito que, nos próximos anos, muitas mulheres irão atingir o estado de consciência plena durante esse período. Normalmente, esse é um tempo de inconsciência para muitas mulheres, porque são dominadas pelo sofrimento coletivo feminino. Entretanto, você pode reverter isso uma vez que tenha alcançado um determinado nível de consciência, e assim, em vez de se tornar inconsciente, você fica *mais* consciente. Já descrevi antes esse processo básico, mas vou apresentá-lo de novo, desta vez com uma referência especial ao sofrimento coletivo feminino.

Quando você percebe que o período menstrual está se aproximando, antes mesmo de sentir os primeiros sinais do que é comumente chamada tensão pré-menstrual, o despertar do sofrimento coletivo feminino, mantenha-se muito alerta e ocupe o seu corpo o mais que puder. Quando o primeiro sinal aparecer, você vai precisar estar bastante alerta para agarrá-lo, antes que ele domine você. Por exemplo, o primeiro sinal pode ser uma grande e súbita irritação ou um lampejo de raiva, ou simplesmente um sintoma físico. Seja lá o que for, agarre-o antes que ele domine o seu pensamento ou comportamento. Isso significa simplesmente colocar o foco da sua atenção sobre ele. Saber que se trata do sofrimento e, ao mesmo tempo, ser o conhecedor, o que significa perceber a sua presença consciente e sentir o seu poder. Qualquer emoção cede e se transforma quando colocamos a presença sobre ela. Se for um simples sintoma físico, a atenção que você der a ela vai evitar que se transforme em uma emoção ou em um pensamento. Continue então alerta e espere pelo próximo sinal de sofrimento. Quando ele aparecer, agarre-o de novo, do mesmo jeito que antes.

Mais tarde, quando o sofrimento tiver despertado totalmente do seu estado de dormência, você poderá vivenciar uma considerável turbulência em seu espaço interior por uns momentos, talvez até por alguns dias. Qualquer que seja a forma que ele tome, esteja presente. Dê a ele sua atenção completa. Observe a turbulência dentro de você. Perceba que ela está lá. Sustente o conhecimento e seja o conhecedor. Lembre-se: não permita que o sofrimento use a sua mente e domine o seu pensamento. Observe-o. Sinta a energia de modo direto, dentro do seu corpo. Como você já sabe, a atenção completa significa aceitação completa.

Através de uma atenção continuada e, portanto, da aceitação, vem a transformação. O sofrimento se transforma em uma consciência radiante, assim como um pedaço de lenha colocado dentro do fogo se transforma em fogo. A menstruação irá então se tornar não só uma expressão de alegria e realização da sua feminilidade, mas também um tempo sagrado de transformação, quando você faz nascer uma nova consciência. A sua verdadeira natureza então reluz lá fora, tanto em seu aspecto feminino como a Deusa quanto em seu aspecto transcendental do Ser que ultrapassa a dualidade masculino/feminino.

Se o seu parceiro for consciente, pode ajudar você a praticar o que acabei de descrever, sustentando a frequência da intensa presença, nessa hora em especial. Se ele permanecer presente, sempre que você voltar a se identificar inconscientemente com o sofrimento, o que pode e vai acontecer a princípio, você será capaz de se juntar rapidamente a ele no estado de presença.

Isso significa que sempre que o sofrimento dominar você, seja durante a menstruação ou em outras ocasiões, o seu parceiro não vai confundi-lo com quem você é. Mesmo que o sofrimento o ataque, como provavelmente acontecerá, ele não vai reagir como se fosse *você*, ou se retirar ou apresentar algum tipo de defesa. Ele vai sustentar o espaço da presença intensa. Nada mais é necessário para a transformação. Em outras vezes, você será capaz de fazer o mesmo por ele ou de ajudá-lo a recuperar a consciência, retirando-a da mente ao desviar a atenção para o aqui e agora, quando ele ficar identificado com o pensamento.

Assim, um campo permanente de energia de alta frequência vai aparecer entre vocês. Nenhuma ilusão, sofrimento, disputa, nada que não seja vocês, nada que não seja amor pode sobreviver dentro dele. Isso significa a realização do divino, o propósito transpessoal do seu relacionamento.

DESISTINDO DO RELACIONAMENTO CONSIGO MESMO

Quando alguém está plenamente consciente, será que tem necessidade de um relacionamento? Um homem ainda se sentirá atraído por uma mulher? Uma mulher se sentirá incompleta sem um homem?

Iluminado ou não, no nível da sua identidade com a forma, você não está completo. Você é a metade do todo. E isso é percebido como a atração homem-mulher, o movimento em direção à polaridade oposta de energia, não importa qual seja o seu nível de consciência. Mas, nesse estado de conexão interior, você percebe essa atração em algum lugar sobre a superfície ou na periferia da sua vida. O universo inteiro parece as ondas e marolas sobre a superfície de um oceano imenso e profundo. Você é esse oceano e, naturalmente, também é a marola, mas uma marola que percebeu a sua verdadeira identidade como oceano e sabe que, em comparação a essa vastidão e profundidade, o mundo das ondas e marolas não é assim tão importante.

Isso não significa que você não se relaciona profundamente com outras pessoas ou com o seu parceiro. Na verdade, você *só* consegue se relacionar se tiver consciência do Ser. Partindo do Ser, você é capaz de enxergar além do véu da forma. No Ser, homem e mulher são uma unidade. A sua forma pode continuar a ter algumas necessidades, mas o Ser não tem nenhuma. Já está completo e inteiro. Se essas necessidades forem preenchidas, será ótimo, mas não faz diferença para o seu estado interior mais profundo. Portanto, caso a necessidade de uma polaridade masculina ou feminina não seja preenchida, é perfeitamente possível para uma pessoa iluminada perceber que falta alguma coisa no nível externo e, ao mesmo tempo, sentir-se totalmente completa e satisfeita no nível interno.

Na busca da iluminação, ser homossexual serve de vantagem, de obstáculo, ou não faz qualquer diferença?

Ao se aproximar da idade adulta, a incerteza da sexualidade seguida da percepção de que você é "diferente" dos outros pode forçar uma desidentificação dos padrões socialmente condicionados de pensamento e comportamento. Isso vai elevar, automaticamente, o seu nível de consciência sobre a inconsciência predominante, onde as pessoas inquestionavelmente carregam todos os padrões herdados. Nesse sentido, ser homossexual pode ser uma vantagem. Até certo ponto, ser um estranho, alguém que não se "enquadra" com os outros, ou é rejeitado por eles por qualquer razão, torna a vida difícil, mas também traz uma vantagem com relação à iluminação. Ela tira você da inconsciência quase que à força.

Por outro lado, se você desenvolve um sentido de identidade baseado na sua homossexualidade, escapa de uma armadilha para cair em outra. Você vai desempenhar papéis e jogos ditados pela imagem mental que tem de si mesmo como homossexual. Vai se tornar inconsciente. Vai virar uma falsidade. Debaixo da sua máscara do ego, vai estar muito infeliz. Se isso acontece com você, ser homossexual virou um obstáculo. Mas sempre existe uma nova oportunidade. Uma infelicidade aguda pode ser um grande elemento despertador.

É verdade que cada um de nós precisa ter um bom relacionamento consigo mesmo antes de se relacionar com outra pessoa?

Se você não consegue ficar à vontade consigo mesmo, vai procurar um relacionamento para encobrir o seu desconforto. Só que esse desconforto vai reaparecer de alguma outra forma no relacionamento, e você, provavelmente, atribuirá a responsabilidade ao seu parceiro. Tudo o que você precisa fazer é aceitar este momento plenamente. Você estará então à vontade no aqui e agora e à vontade consigo mesmo.

Mas será que você precisa ter um relacionamento com você mesmo? Por que não *ser* apenas você? Quando se relaciona com você mesmo, já se dividiu em dois: "eu" e "eu mesmo", sujeito e objeto. Essa dualidade criada pela mente é a raiz de toda complexidade desnecessária, de todos os problemas e conflitos em sua vida. No estado de iluminação, você *é* você mesmo – "você" e "você mesmo" se fundem em um só. Você não se julga, não sente pena de si, não se orgulha de si, não se ama, não se odeia, etc. A divisão provocada pela consciência está curada, sua maldição removida. Não existe um "você mesmo" que seja preciso proteger, defender ou alimentar. Quando você está iluminado, não tem mais um relacionamento consigo mesmo. Uma vez que tenha aberto mão disso, todos os seus outros relacionamentos serão de amor.

capítulo nove

MUITO ALÉM DA FELICIDADE E DA INFELICIDADE EXISTE A PAZ

O BEM SUPREMO ALÉM DO BEM E DO MAL

Existe diferença entre felicidade e paz interior?

Existe. A felicidade depende de circunstâncias consideradas positivas, ao passo que a paz interior não precisa delas.

Há possibilidade de só atrairmos coisas positivas para as nossas vidas? Se a nossa atitude e o nosso pensamento forem sempre positivos, só haverá situações e acontecimentos positivos, não é mesmo?

Você pode afirmar, com certeza, o que é positivo e o que é negativo? Já fez o levantamento completo? Muitas pessoas devem ter aprendido bastante com as suas próprias limitações, seus fracassos, suas perdas, suas doenças e sofrimentos. Tudo isso ensinou-as a se desfazer das imagens falsas que tinham de si mesmas, dos desejos e objetivos superficiais ditados pelo ego e lhes deu profundidade, humildade e compaixão. Fez delas pessoas mais *reais*.

Sempre que acontece alguma coisa negativa, há sempre uma lição embutida, embora nem sempre se perceba isso na hora. Uma doença ou um acidente pode mostrar o que há de real ou irreal em uma situação, aquilo que é importante e o que não é.

De uma perspectiva mais elevada, as circunstâncias *são* sempre positivas. Para ser mais preciso, elas não são positivas nem negativas. São do jeito que são. E quando aceitamos as coisas como são, o "bem" ou o "mal" deixam de existir em nossas vidas. Só o que existe é um bem supremo, que inclui o "mal." Mas, pela perspectiva da mente, existe o bem e o mal, o igual e o diferente, o amor e o ódio. É por isso que no Livro do Gênesis está escrito que Adão e Eva não tiveram mais permissão para habitar o "paraíso" quando "comeram da árvore do conhecimento do bem e do mal".

Isso me parece negação e ilusão. Quando alguma coisa ruim acontece comigo, ou com alguém chegado a mim, tal como um acidente, uma doença, ou a morte, posso até fingir que não é mal, mas permanece o fato de que isso é mal. Por que negar?

Você não está fingindo nada. Só está permitindo uma coisa ser como é, apenas isso. Essa "permissão para ser" nos transporta para além da mente, com os seus padrões de resistência que geram as polaridades positiva e negativa. É um aspecto fundamental do perdão. Perdoar o presente é até mais importante do que perdoar o passado. Se perdoarmos cada momento, se permitirmos que ele seja como é, não haverá nenhum acúmulo de ressentimento a ser perdoado mais tarde.

Lembre-se de que não estamos aqui tratando de felicidade. Por exemplo, quando a pessoa amada acabou de morrer, ou se sentimos a nossa própria morte se aproximar, não podemos nos sentir felizes. É impossível. Mas *podemos* estar em paz. Pode até haver tristeza e lágrimas, mas, se deixarmos de resistir, conseguiremos perceber uma profunda serenidade por baixo da tristeza, uma calma, uma presença sagrada. Isso é a emanação do Ser, isso é a paz interior, o bem que não tem opositores.

E se for uma situação sobre a qual eu possa fazer algo a respeito? Como posso permitir que ela exista e mudá-la ao mesmo tempo?

Faça o que você tem de fazer. Enquanto isso, aceite o que *é*. Como mente e resistência significam a mesma coisa para nós, aceitar aquilo que acontece nos liberta na mesma hora do domínio da mente e restabelece a nossa conexão com o Ser. Como resultado, as costumeiras motivações do ego para "agir", como o medo, a cobiça, o controle, a defesa ou a alimentação do falso sentido do ego, não vão mais funcionar. Uma inteligência muito maior do que a mente passa a dominar tudo e, com isso, uma diferente qualidade de consciência vai influenciar as nossas ações.

"Aceite o que quer que venha para você nas tramas do destino, pois o que se ajustaria mais adequadamente às suas necessidades?" Isso foi escrito há dois mil anos por Marco Aurélio, um homem extraordinário que, além de poderoso, tinha uma grande sabedoria.

Parece que a maioria das pessoas precisa vivenciar uma grande carga de sofrimento antes de abandonar a resistência e aceitar, isto é, antes de perdoar. Com o perdão, acontece o milagre do despertar da consciência do Ser, através do que aparenta ser o mal: a transformação do sofrimento em paz interior. Todo o mal e todo o sofrimento do mundo vão nos forçar a descobrir quem somos realmente. Assim, aquilo que, de uma perspectiva limitada, percebemos como o mal é, na verdade, parte de um bem maior que não tem opositores. Entretanto, isso só se torna uma verdade através do perdão. Sem ele, o mal permanece como mal.

Através do perdão – que significa reconhecer a falta de consistência do passado e permitir que o momento presente seja como é –, acontece o milagre da transformação, não só no lado de dentro, mas também do lado de fora. Um espaço silencioso de uma presença intensa surge dentro de nós e à nossa volta. Quem quer e o que for que penetre no campo da consciência será afetado, algumas vezes de forma clara e imediata, outras em níveis mais profundos, com mudanças só notadas algum tempo depois. Você dissolve a discórdia, cura o sofrimento, desfaz a inconsciência, sem *fazer* nada, simplesmente *sendo* e sustentando essa frequência de presença intensa.

§

O FIM DOS DRAMAS EM SUA VIDA

Nesse estado de aceitação e paz interior, pode aparecer alguma coisa na vida para ser chamada de "má", da perspectiva da consciência comum?

Muitas das assim chamadas coisas más que nos acontecem na vida são devidas à inconsciência. Elas são criadas por nós, ou melhor, são criadas pelo ego. Refiro-me a isso, às vezes, como "drama". Quando restabelecemos a conexão com o Ser e não deixamos mais a mente governar, paramos de criar essas coisas.

Mas há muitas pessoas que se apaixonam pelos seus dramas particulares de vida. Identificam-se com suas histórias. O ego governa a vida delas. Investiram nele todo o sentido de eu interior. Até mesmo a busca de uma resposta, de uma solução, ou de uma cura se torna parte dele. O que mais temem é que seus dramas tenham um fim. Enquanto essas pessoas *forem* a mente, seu maior medo será o próprio despertar.

Quando vivemos em uma completa aceitação do que *é*, todos os dramas da nossa vida chegam ao fim. Ninguém consegue ter a mais leve discussão conosco, não importa quanto tente. Não se pode discutir com alguém completamente consciente. Uma discussão implica uma identificação com a mente e uma determinada posição mental, tal como resistência e reação às posições da outra pessoa. O resultado é que as polaridades opostas ficam mutuamente energizadas. Esses são os mecanismos da inconsciência. Ainda podemos estabelecer o nosso ponto de vista de modo claro e firme, mas não haverá nenhuma força reagindo ao fundo, nenhuma defesa e nenhuma agressão. Assim, não se transformará em um drama. Quando estamos completamente conscientes, deixamos de estar em conflito. "Ninguém que esteja em unidade consigo mesmo consegue pensar em conflito", diz o livro *Um curso em milagres*. O livro se refere não só ao conflito com outras pessoas, mas, fundamentalmente, ao conflito dentro de nós, que deixa de existir quando não há mais nenhum desacordo entre as buscas e expectativas da nossa mente e aquilo que *é*.

A IMPERMANÊNCIA E OS CICLOS DA VIDA

Enquanto permanecermos na dimensão física e em conexão com a psique humana coletiva, o sofrimento, embora raro, ainda pode acontecer. Não devemos confundi-lo com o sofrimento emocional. Todo sofrimento é criado pelo ego e fruto de uma resistência. Além disso, nessa dimensão, ainda nos sujeitamos à natureza cíclica e à lei da impermanência de todas as coisas, mas já não vemos mais o sofrimento como uma coisa "má". Ele simplesmente *é*.

Ao permitir o "existir" de todas as coisas, uma dimensão mais profunda, por baixo do jogo dos opostos, se revela para nós como uma presença permanente, uma serenidade profunda e estável, uma alegria sem motivos que se situa além do bem e do mal. Essa é a alegria do Ser, a paz de Deus.

No nível da forma existe nascimento e morte, criação e destruição, crescimento e dissolução de espécies aparentemente independentes. Podemos ver isso em tudo: no ciclo da vida de uma estrela ou de um planeta, em um corpo físico, em uma árvore, em uma flor; na ascensão e queda de nações, de sistemas políticos e de civilizações, e também nos inevitáveis ciclos de lucros e perdas que temos na vida.

Existem ciclos de sucesso, como quando as coisas acontecem e dão certo, e ciclos de fracasso, quando elas não vão bem e se desintegram. Você tem de permitir que elas terminem, dando espaço para que coisas novas aconteçam ou se transformem. Se nos apegamos às situações e oferecemos uma resistência nesse estágio, significa que estamos nos recusando a acompanhar o fluxo da vida e que vamos sofrer.

Não é verdade que o ciclo ascendente seja bom e o ciclo descendente seja ruim, a não ser no julgamento da mente. O crescimento é, em geral, considerado positivo, mas nada pode crescer para sempre. Se o crescimento nunca tivesse fim, poderia acabar em algo monstruoso e destrutivo. É necessário que as coisas acabem, para que coisas novas aconteçam.

O ciclo descendente é absolutamente essencial para uma realização espiritual. Você tem de ter falhado gravemente de algum modo, ou passado por alguma perda profunda, ou algum sofrimento, para ser conduzido à dimensão espiritual. Ou talvez o seu sucesso tenha se tornado vazio e sem sentido e se transformado em fracasso. O fracasso está sempre embutido no sucesso, assim como o sucesso está sempre encoberto pelo fracasso. No mundo da forma, todas as pessoas "fracassam" mais cedo ou mais tarde, e toda conquista acaba em derrota. Todas as formas são impermanentes.

Você pode ser ativo e apreciar a criação de novas formas e circunstâncias, mas não se sentirá identificado com elas. Você não precisa delas para obter um sentido de eu interior. Elas não são a sua vida, pertencem à sua situação de vida.

Nossa energia física também está sujeita a ciclos. Não consegue estar sempre no máximo. Teremos momentos de baixa e de alta energia. Em alguns períodos, estaremos altamente ativos e criativos, mas em outros tudo vai parecer estagnado, teremos a impressão de não estarmos indo a lugar nenhum, nem conseguindo nada. Um ciclo pode durar de algumas horas a alguns anos e dentro dele pode haver ciclos longos ou curtos. Muitas doenças são provocadas pela luta contra os ciclos de baixa energia, que são fundamentais para uma renovação. Enquanto estivermos identificados com a mente, não poderemos evitar a compulsão de fazer coisas e a tendência para extrair o nosso valor de fatores externos, tais como as conquistas que alcançamos. Isso torna difícil ou impossível para nós aceitarmos os ciclos de baixa e permitirmos que eles aconteçam. Assim, a inteligência do organismo pode assumir o controle, como uma medida autoprotetora, e criar uma doença com o objetivo de nos forçar a parar, de modo a permitir que uma necessária renovação possa acontecer.

A natureza cíclica do universo está intimamente ligada à impermanência de todas as coisas e situações. Buda fez disso uma parte central de seu ensinamento. Todas as circunstâncias são altamente instáveis e estão em um fluxo constante, ou, como ele colocou, a impermanência é uma característica de cada circunstância, de cada situação com que vamos nos deparar na vida. Elas vão se modificar, desaparecer, ou deixar de proporcionar prazer. A impermanência também é um ponto central dos ensinamentos de Jesus: "Não acumule tesouros na terra, onde as traças e a ferrugem arruínam tudo, onde os ladrões arrombam as paredes para roubar..."

Enquanto a mente julgar uma circunstância "boa", seja um relacionamento, uma propriedade, um papel social, um lugar, ou o nosso corpo físico, ela se apega e se identifica com ela. Isso faz você se sentir bem em relação a si mesmo e pode se tornar parte de quem você é ou pensa que é. Mas nada dura muito nessa dimensão, onde as traças e a ferrugem devoram tudo. Tudo acaba ou se transforma: a mesma condição que era boa no passado, de repente, se torna ruim. A prosperidade de hoje se torna o consumismo vazio de amanhã. O casamento feliz e a lua de mel se transformam no divórcio infeliz ou em uma convivência infeliz. A mente não consegue aceitar quando uma situação com a qual ela tenha se apegado muda ou desaparece. Ela vai resistir à mudança. É quase como se um membro estivesse sendo arrancado do seu corpo.

Às vezes ouvimos falar de pessoas que cometeram suicídio porque perderam a fortuna ou tiveram sua reputação arruinada. Esses são casos extremos. Outras pessoas, ao sofrer uma grande perda, tornam-se profundamente infelizes ou adoecem. Não conseguem distinguir a vida da situação de vida. Li recentemente sobre uma famosa atriz que morreu depois dos oitenta anos e foi ficando cada vez mais infeliz e reclusa conforme envelhecia. Ela estava identificada com uma circunstância: a sua aparência externa. No início, isso lhe deu um sentido feliz do eu interior, depois um sentido infeliz. Se tivesse sido capaz de se conectar com a vida interior, que é dissociada da forma e do tempo, ela poderia ter aceitado o desaparecimento da beleza, observando-a de um lugar de serenidade e paz. Além do mais, sua aparência teria se tornado cada vez mais transparente à luz que brilha através da verdadeira natureza, de modo que a beleza externa não teria sumido, mas se transformado em beleza espiritual. Porém, ninguém contou a ela que isso era possível. O tipo de conhecimento mais básico ainda não está ao alcance de todos.

Buda ensinou que até mesmo a felicidade pessoal é *dukka* – uma palavra da língua páli que significa "sofrimento" ou "insatisfação". Ela é inseparável do seu oposto. Significa que a felicidade e a infelicidade são, na verdade, uma coisa só. Somente a ilusão do tempo as separa.

Isso não significa uma negatividade. É simplesmente reconhecer a natureza das coisas, para não viver atrás de uma ilusão pelo resto da vida. Nem quer dizer que você não deva mais apreciar os objetos e as circunstâncias agradáveis e bonitas. Porém, usá-los para procurar aquilo que não podem dar – uma identidade, um sentido de permanência e satisfação – é uma receita para a frustração e o sofrimento. Toda a indústria da propaganda e a sociedade de consumo entrariam em colapso se as pessoas se tornassem iluminadas e deixassem de tentar encontrar as suas identidades através dos *objetos*. Quanto mais usarmos esse caminho para encontrar a felicidade, mais estaremos nos iludindo. Nada lá fora vai conseguir nos trazer satisfação, exceto por um tempo e de modo superficial. Mas talvez você precise passar por muitas decepções antes de perceber a verdade. Os objetos e as circunstâncias podem lhe dar prazer, mas também vão lhe trazer sofrimento. Eles podem lhe dar prazer, mas não *trazer* alegria. A alegria não tem uma causa e brota dentro de nós como a alegria do Ser. É uma parte essencial do estado de paz interior, conhecido como a paz de Deus. É o nosso estado natural, não algo por que tenhamos de lutar para conseguir.

As pessoas, em geral, não percebem que a "salvação" não está em nada do que façam, possuam ou consigam. Aquelas que percebem ficam, muitas vezes, enfastiadas do mundo e deprimidas. Se nada pode lhes dar um verdadeiro prazer, será que resta alguma coisa por que se empenhar? Com que objetivo? O profeta do Velho Testamento deve ter chegado a essa conclusão quando escreveu: "Tenho visto tudo o que se faz debaixo do sol e eis que tudo é vaidade e uma luta contra o vento." Quando você chega a esse ponto, está a um passo do desespero e um passo mais longe da iluminação.

Uma vez um monge budista me disse: "Tudo o que aprendi nos vinte anos em que sou monge pode ser resumido em uma frase: *Tudo o que surge, desaparece. Isso eu sei.*" O que ele quis dizer foi o seguinte: aprendi a não oferecer qualquer resistência ao que *é;* aprendi a permitir que o momento presente aconteça e a aceitar a natureza impermanente de todas as coisas e circunstâncias. Foi assim que encontrei a paz.

Não oferecer resistência à vida é estar em estado de graça, de descanso e de luz. Nesse estado, nada depende de as coisas serem boas ou ruins. É quase paradoxal, mas, como já não existe mais uma dependência interior quanto à forma, as circunstâncias gerais da sua vida, as formas externas, tendem a melhorar consideravelmente. As coisas, as pessoas ou as circunstâncias que você desejava para a sua felicidade vêm agora até você sem qualquer esforço, e você está livre para apreciá-las enquanto durarem. Todas essas coisas naturalmente vão acabar, os ciclos virão e irão, mas com o desaparecimento da dependência não há mais medo de perdas. A vida flui com facilidade.

A felicidade que provém de alguma coisa secundária nunca é muito profunda. É apenas um pálido reflexo da alegria do Ser, da paz vibrante que encontramos dentro de nós ao entrarmos no estado de não resistência. O Ser nos transporta para além das polaridades opostas da mente e nos liberta da dependência da forma. Mesmo que tudo em volta desabe e fique em pedaços, você ainda sentirá uma profunda paz interior. Você pode não estar feliz, mas vai estar em paz.

Toda resistência interior é vivenciada como uma negatividade. Toda negatividade *é* uma resistência. Nesse contexto, as duas palavras são quase sinônimas. A negatividade vai de uma irritação ou impaciência a uma raiva furiosa, de um humor deprimido ou um ressentimento a um desespero suicida. Às vezes, a resistência faz disparar o sofrimento emocional, caso em que mesmo uma situação banal pode produzir uma negatividade intensa, como a raiva, a depressão ou um profundo pesar.

O ego acredita que, através da negatividade, pode manipular a realidade e conseguir o que deseja. Acredita que, através dela, pode atrair uma circunstância desejável ou dissolver uma indesejável. O livro *Um curso em milagres* destaca corretamente isso ao afirmar que, sempre que estamos infelizes, acreditamos inconscientemente que a infelicidade "compra" para nós o que queremos. Se "você" – a mente – não acreditou que a infelicidade funciona, por que a criaria? O fato é que essa negatividade não funciona. Em vez de atrair uma circunstância desejável, ela a interrompe ao nascer. Em vez de desfazer uma circunstância indesejável, ela a mantém no lugar. Sua única utilidade é que ela fortalece o ego, e essa é a razão pela qual ele a adora.

Uma vez que você tenha se identificado com alguma forma de negatividade, não vai querer que ela desapareça e, em um nível inconsciente mais profundo, não vai desejar uma mudança positiva. Ela iria ameaçar a sua identidade como uma pessoa depressiva, zangada ou difícil de lidar. Você então passa a ignorar, negar ou sabotar aquilo que é positivo em sua vida. É um fenômeno comum. E também doentio.

A negatividade é completamente antinatural. É um poluente psíquico e existe um vínculo profundo entre o envenenamento e a destruição da natureza e a grande negatividade que vem sendo acumulada na psique coletiva humana. Nenhuma outra forma de vida no planeta conhece a negatividade, somente os seres humanos, assim como nenhuma outra forma de vida violenta e envenena a Terra que a sustenta. Você já viu uma flor infeliz ou um carvalho estressado? Já cruzou com um golfinho deprimido, um sapo com problemas de autoestima, um gato que não consegue relaxar, ou um pássaro com ódio e ressentimento? Os únicos animais que eventualmente vivenciam alguma coisa semelhante à negatividade, ou mostram sinais de comportamento neurótico, são os que vivem em contato íntimo com os seres humanos e assim se ligam à mente humana e à insanidade deles.

Observe as plantas e os animais, aprenda com eles a aceitar aquilo que *é* e a se entregar ao Agora. Deixe que eles lhe ensinem o que é Ser, o que é integridade – estar em unidade, ser você mesmo, ser verdadeiro. Aprenda como viver e como morrer, e como *não* fazer do viver e do morrer um problema.

Vivi com alguns mestres zen – todos eles gatos. Até mesmo os patos me ensinaram importantes lições espirituais. Observá-los é uma meditação. Como eles flutuam em paz, de bem com eles mesmos, totalmente presentes no Agora, dignos e perfeitos, tanto quanto uma criatura sem mente pode ser. Eventualmente, no entanto, dois patos vão se envolver em uma briga, algumas vezes sem nenhuma razão aparente ou porque um pato penetrou no espaço particular do outro. A briga geralmente dura só alguns segundos e então os patos se separam, nadam em direções opostas e batem suas asas com força, por algumas vezes. Então continuam a nadar em paz, como se a briga nunca tivesse acontecido. Quando observei isso pela primeira vez, percebi, num relance, que ao bater as asas eles estavam soltando a energia acumulada, evitando assim que ela ficasse aprisionada no corpo e se transformado em negatividade. Isso é sabedoria natural. É fácil para eles porque não têm uma mente para manter vivo o passado, sem necessidade, e então construir uma identidade em volta dele.

Uma emoção negativa não poderia também conter uma mensagem importante? Por exemplo, se me sinto deprimido com frequência, será que pode ser um sinal de que existe alguma coisa errada com a minha vida e isso pode me forçar a olhar para a minha situação de vida e fazer mudanças?

Poderia. As emoções negativas repetitivas podem, às vezes, conter uma mensagem, como ocorre com as doenças. Qualquer mudança que você faça, seja ela relacionada com seu trabalho, seus relacionamentos ou seu ambiente, é apenas uma máscara, a menos que se origine de uma mudança no seu nível de consciência. E até onde isso interessa, só pode significar uma coisa: estar mais presente. Quando você já tiver alcançado um certo grau de presença, não precisa mais da negatividade para lhe dizer o que é necessário na sua situação de vida. Mas, enquanto a negatividade *estiver* lá, utilize-a. Use-a como um tipo de sinalizador, um lembrete para estar mais presente.

Como impedimos que a negatividade surja e como nos livramos dela, já que está lá?

Como já afirmei, você não deixa que ela surja ao estar completamente presente. Não desanime. Ainda são poucas as pessoas no planeta que conseguem manter um estado contínuo de presença, embora algumas já estejam chegando bem perto. Acredito que logo serão muitas.

Sempre que perceber alguma forma de negatividade crescendo dentro de você, não olhe para ela como um fracasso, mas sim como um sinal que está lhe dizendo: "Acorde. Largue a sua mente. Esteja presente."

Existe um romance de Aldous Huxley chamado *A Ilha*, escrito em seus últimos anos de vida, quando ele ficou muito interessado nos ensinamentos espirituais. Conta a história de um homem que naufragou perto de uma ilha isolada do resto do mundo. Essa ilha era habitada por uma civilização especial. A coisa estranha sobre ela é que seus habitantes, diferente do resto do mundo, eram sadios, de verdade. A primeira coisa que o náufrago percebe são os papagaios multicoloridos empoleirados nas árvores, que davam a impressão de estar repetindo as palavras "Atenção. Aqui e agora. Atenção. Aqui e Agora". Adiante, descobrimos que os habitantes da ilha ensinaram essas palavras aos papagaios para que fossem sempre lembrados para ficar presentes.

Portanto, sempre que sentir a negatividade crescer dentro de você, causada ou não por um fator externo, um pensamento ou mesmo nada em particular, olhe para ela como se fosse uma voz dizendo "Atenção. Aqui e Agora. Acorde". Até mesmo a mais leve irritação é significativa e precisa ser conhecida e observada. Do contrário, haverá um aumento cumulativo de reações não observadas. Como afirmei anteriormente, você pode descartá-la assim que perceber que não quer ter esse campo de energia no seu interior e que ele não tem nenhum objetivo. Mas certifique-se de que você se livrou completamente dela. Se não conseguir, simplesmente aceite que ela está ali e concentre a sua atenção no sentimento.

Uma alternativa para descartar uma reação negativa é fazê-la desaparecer ao imaginar a si mesmo se tornando transparente para a causa externa da reação. Recomendo que você pratique primeiro com as coisas do dia a dia. Vamos dizer que você esteja em casa. De repente, vindo da rua, começa a soar um alarme insistente de carro. Surge uma irritação. Qual é o objetivo dessa irritação? Nenhum até aqui. Por que você a criou? Você não a criou. Quem criou foi a mente. Ela teve uma reação totalmente automática, totalmente inconsciente. Por que a mente a criou? Porque ela sustenta a crença inconsciente de que a resistência dela, que você absorve como alguma forma de negatividade ou infelicidade, vai dissolver a condição indesejada. Isso naturalmente é uma ilusão. A resistência que ela cria, nesse caso a irritação ou raiva, é muito mais desagradável do que a causa original que ela está tentando desfazer.

Tudo isso pode ser transformado em prática espiritual. Sinta-se ficando transparente, sem a solidez de um corpo material. Agora, permita que o barulho, ou o que estiver causando a emoção negativa, passe através de você. Ele não está mais golpeando uma "parede" sólida dentro de você. Como disse, pratique primeiro com as coisas simples. O alarme do carro, o choro de uma criança, o barulho do tráfego. Em vez de ter uma parede de resistência dentro de você, que é atingida de modo constante e doloroso pelas coisas que "não deveriam estar acontecendo", deixe que tudo passe através de você.

Alguém diz alguma coisa grosseira para ferir você. Em vez de desencadear uma reação inconsciente e uma negatividade, como uma agressão, uma defesa, ou um retraimento, você deixa isso passar através de você. Não ofereça resistência. É como se não existisse mais ninguém ali para ser machucado. Isso é perdão. Nesse sentido, você se torna invulnerável. Pode dizer a essa pessoa que o comportamento dela é inaceitável, se você escolher fazer isso. Mas essa pessoa já não tem mais o poder de controlar o seu estado interior. Você passa a estar em seu poder – não mais em poder de alguém, nem sob o governo da mente. Quer seja um alarme de carro, uma pessoa grosseira, uma inundação, um terremoto, ou a perda de todos os seus bens, o mecanismo de resistência é o mesmo.

Pratico a meditação, frequento seminários, leio muito sobre espiritualidade, em busca de um estado de não resistência. Mas, se você me perguntar se encontrei a verdadeira paz interior, minha resposta teria que ser "não". Por que não a encontrei? O que mais posso fazer?

Você ainda está procurando lá fora e não consegue escapar do modo de busca. Talvez o próximo seminário lhe traga a resposta, talvez aquela nova técnica. Diria a você: não busque a paz. Não busque nenhum outro estado além daquele em que você está agora, do contrário, vai criar um conflito interno e uma resistência inconsciente. Perdoe a si mesmo por não estar em paz. No momento em que você aceitar *completamente* a sua intranquilidade, ela se transformará em paz. Qualquer coisa que você aceite completamente vai lhe levar até lá, vai levar você até a paz. Esse é o milagre da entrega.

§

Você já deve ter ouvido a frase "dê a outra face", que um grande mestre da iluminação empregou há dois mil anos. Ele estava tentando transmitir simbolicamente o segredo da não resistência e da não reação. Nessas palavras, como em todas as que proferiu, ele estava preocupado apenas com a nossa realidade interior, não com a conduta externa da nossa vida.

Você conhece a história de Banzan? Antes de se tornar um grande mestre zen, ele passou muitos anos perseguindo a iluminação, mas ela o iludia. Então, um dia, enquanto andava pelo mercado, ouviu uma conversa entre um açougueiro e seu freguês. "Me dê o melhor pedaço de carne que você tem aí", disse o freguês. E o açougueiro respondeu: "Todo pedaço de carne que tenho é o melhor. Não há nenhum pedaço de carne aqui que não seja o melhor." Depois de ouvir isso, Banzan se tornou iluminado.

Posso ver você esperando alguma explicação. Quando aceitamos o que *é*, todo pedaço de carne – todo momento – é o melhor. Isso é iluminação.

§

A NATUREZA DA COMPAIXÃO

Tendo ultrapassado as fronteiras construídas pela mente, você passa a ser como um lago profundo. Sua situação de vida e o que acontece no mundo exterior são a superfície do lago, às vezes calmo, às vezes cheio de ondas por causa do vento, conforme os períodos e as estações. Lá no fundo, porém, o lago é sempre sereno. Você é esse lago por inteiro, não apenas a superfície, e está em contato com a sua própria profundidade, que permanece absolutamente serena. Você não reage a uma mudança ao se apegar mentalmente a qualquer situação. A sua paz interior não depende dela. Você se fixa no Ser – imutável, eterno, imortal – e não é mais dependente da satisfação ou da felicidade do mundo exterior, das formas constantemente flutuantes. Você pode desfrutá-las, brincar com elas, criar novas formas, apreciar a beleza de todas. Mas não tem mais necessidade de se apegar a nenhuma delas.

Quando você consegue se desprender desse jeito, não significa que também se distancia dos outros seres humanos?

Pelo contrário. Enquanto você não está consciente do Ser, a realidade dos outros seres humanos vai causar uma ilusão, porque você ainda não encontrou a sua realidade. A mente vai gostar ou não da forma deles, não só do corpo, mas também da mente deles. O verdadeiro relacionamento só é possível quando existe uma consciência do Ser. A partir do Ser, você vai perceber o corpo e a mente da outra pessoa como se fosse uma tela, por trás da qual você pode sentir a verdadeira realidade deles, como você sente a sua. Assim, ao se confrontar com o sofrimento de outra pessoa ou com um comportamento inconsciente, você fica presente e em contato com o Ser e, desse modo, é capaz de olhar além da forma e sentir o Ser radiante e puro da outra pessoa. No nível do Ser, todo sofrimento é visto como uma ilusão, uma consequência da identificação com a forma. Milagres de cura às vezes acontecem através dessa descoberta, através do despertar da consciência do Ser nos outros – se estiverem prontos.

Isso é compaixão?

Sim. A compaixão é a consciência de uma forte ligação entre você e todas as criaturas. Mas existem dois lados da compaixão, dois lados dessa ligação. De um lado, como ainda estamos aqui como um corpo físico, partilhamos a vulnerabilidade e a mortalidade da nossa forma física com todos os outros seres humanos e todos os seres vivos. Na próxima vez que disser "Não tenho nada em comum com essa pessoa", lembre-se de que você tem muitas coisas em comum. Daqui a alguns anos – dois ou setenta, não faz muita diferença –, os dois terão corpos apodrecidos, depois serão pó, depois nada restará. Isso é uma percepção humilde e sensata que não deixa muito espaço para o orgulho. Isso é um pensamento negativo? Não, apenas um fato. Por que fechar os olhos para isso? Nesse sentido há uma completa igualdade entre você e todas as outras criaturas.

Uma das mais poderosas práticas espirituais é meditar profundamente sobre a mortalidade das formas físicas, inclusive da sua. Isso se chama: morrer antes que você morra. Vá fundo nisso. A sua forma física está se dissolvendo, é nada. Então surge um momento quando todas as formas mentais ou pensamentos também morrem. Mas *você* ainda está lá – a presença divina que você é, radiante, completamente consciente. Nada que é real morre de verdade, somente os nomes, as formas e as ilusões.

§

A realização dessa dimensão eterna, a nossa verdadeira natureza, é o outro lado da compaixão. Em um nível mais profundo, podemos reconhecer agora não só a nossa própria imortalidade, mas também a de todas as outras criaturas. No nível da forma, partilhamos a mortalidade e a precariedade da existência. No nível do Ser, partilhamos a vida eterna e radiante. Esses são dois aspectos da compaixão. Na compaixão, os sentimentos de tristeza e de alegria, aparentemente opostos, se fundem em um só e se transformam em uma profunda paz interior. Isso é a paz de Deus. É um dos mais nobres sentimentos de que os homens são capazes e possui um grande poder de cura e transformação. Mas a verdadeira compaixão, como acabei de descrever, ainda é rara. Ter profunda empatia pelo sofrimento de outro ser exige um alto nível de consciência, mas representa apenas um lado da compaixão. Não é completo. A verdadeira compaixão vai além da empatia ou da simpatia. Não acontece até que a tristeza se misture com a alegria, a alegria do Ser além da forma, a alegria da vida eterna.

Não concordo que o corpo precise morrer. Estou convencido de que podemos obter a imortalidade física. Acreditamos na morte e é por isso que o corpo morre.

O corpo não morre porque acreditamos na morte. O corpo existe, ou assim parece, porque acreditamos na morte. O corpo e a morte são partes da mesma ilusão, criada pelo modo egoico de consciência, que não tem percepção da Fonte da vida e vê a si mesmo como uma coisa separada e sob constante ameaça. Assim, ele cria a ilusão de que somos um corpo, um veículo físico e sólido, que está sob uma constante ameaça.

A ilusão está em percebermos a nós mesmos como um corpo vulnerável, que nasce e pouco depois morre. Corpo e morte: uma ilusão. Um não existe sem o outro. Queremos manter um lado da ilusão e nos livrarmos do outro, mas isso é impossível.

Entretanto, você não pode escapar do corpo, nem tem de fazer isso. O corpo é uma percepção incrivelmente distorcida da nossa verdadeira natureza. Mas a nossa verdadeira natureza está disfarçada em algum lugar dentro dessa ilusão, não do lado de fora, portanto o corpo ainda é o único ponto de acesso a ela.

Se você vê um anjo, mas o confunde com uma estátua de pedra, tudo o que você precisa fazer é adaptar a sua visão e olhar mais de perto para a "estátua de pedra", e não olhar para outro lado. Você então percebe que aquilo nunca foi uma estátua de pedra.

Se a crença na morte cria o corpo, por que um animal tem corpo? Um animal não tem um ego e não acredita na morte...

Mas ele morre, ou parece que morre.

Lembre-se de que a nossa percepção do mundo é um reflexo do nosso estado de consciência. Não estamos separados dele e não há um mundo objetivo fora dele. A cada momento, a nossa consciência cria o mundo em que habitamos. Um dos maiores insights que a física moderna teve foi o da unidade entre o observador e o observado: a pessoa que conduz a experiência – a consciência observadora – não pode ser separada dos fenômenos observados, e uma nova maneira de olhar leva os fenômenos observados a se comportarem de maneira diferente. Se você acredita na separação e na luta pela sobrevivência, vê essa crença refletida à sua volta e as suas percepções acabam sendo governadas pelo medo. Você vive num mundo de morte, lutas, uns atacando e matando os outros.

Nada é o que parece ser. O mundo que você criou e vê através da mente pode parecer um lugar bem imperfeito, até mesmo um vale de lágrimas. Mas o que quer que você perceba é somente uma espécie de símbolo, como uma imagem em um sonho. É o jeito pelo qual a sua consciência interpreta e interage com a dança de energia molecular do universo. Essa energia é o material bruto da assim chamada realidade física. Você a vê em termos de corpos e de nascimento e morte, ou como uma luta pela sobrevivência. Existe um número infinito de interpretações diferentes, de mundos completamente diferentes, tudo dependendo do que a consciência percebe. Cada ser é um ponto focal da consciência e cada ponto focal cria o seu próprio mundo, embora todos esses mundos se interliguem. Existe um mundo humano, um mundo das formigas, um mundo dos golfinhos, etc. Existem incontáveis seres cuja frequência de consciência é tão diferente da nossa que provavelmente não temos consciência da existência deles, assim como eles não têm da nossa. Seres altamente conscientes da ligação que mantêm com a Fonte habitam um mundo que para nós pareceria com um domínio celeste. Mas ainda assim todos os mundos são basicamente um só.

No momento em que a consciência humana coletiva tiver se transformado, a natureza e o reino animal irão refletir essa transformação. Aqui está a afirmação da Bíblia de que no futuro "o leão vai se deitar ao lado da ovelha". Isso aponta para a possibilidade de um ordenamento da realidade completamente diferente.

O mundo tal qual se apresenta para nós é em grande parte um reflexo da mente. Sendo o medo uma consequência inevitável da ilusão criada pelo ego, é um mundo dominado pelo medo. Assim como as imagens em um sonho são símbolos dos estados interiores e dos sentimentos, assim a nossa realidade coletiva é uma expressão simbólica do medo e das pesadas camadas de negatividade até agora acumuladas na psique coletiva humana. Não estamos separados do nosso mundo, então, quando a maioria dos humanos se tornar livre da ilusão egoica, essa mudança interior vai afetar toda a criação. Vamos, literalmente, viver em um novo mundo. É uma mudança na consciência do planeta. O estranho ensinamento budista que toda árvore e toda folha de grama irão finalmente se tornar iluminadas aponta para a mesma verdade. De acordo com São Paulo, toda a criação está à espera de que os homens obtenham a iluminação. É assim que interpreto suas palavras: "A criação aguarda, com impaciência, a revelação dos filhos de Deus." São Paulo diz que todo o universo vai se redimir através disso, ao escrever: "Sabemos, com efeito, que a criação inteira geme, ainda agora, com as dores do parto."

O que está nascendo é uma nova consciência e, como um reflexo inevitável, um novo mundo. Isso também está relatado no Livro das Revelações do Novo Testamento: "Vi, então, um novo Céu e uma nova Terra, porque o primeiro Céu e a primeira Terra desapareceram..."

Mas não confunda causa e efeito. Nossa primeira tarefa não é buscar a salvação através da criação de um mundo melhor, mas sim despertar da nossa identificação com a forma. Não estamos mais presos a este mundo, a este nível de realidade. Podemos sentir nossas raízes no Não Manifesto e assim estamos livres do apego ao mundo manifesto. Ainda podemos desfrutar os prazeres passageiros deste mundo, mas não somos mais escravos dessas experiências, não estamos mais em busca de satisfação através de uma gratificação psicológica, através da alimentação do ego. Não temos mais medo de perder alguma coisa, portanto não precisamos nos apegar a este mundo. Estamos em contato com algo infinitamente maior do que qualquer prazer, maior do que qualquer coisa manifesta. Em um certo sentido, não precisamos mais do mundo e nem mesmo que ele seja diferente do que é.

É neste ponto que você começa a dar uma contribuição real para criar um mundo melhor, uma nova realidade. É neste ponto que você se torna capaz de sentir a verdadeira compaixão e de ajudar os outros. Somente aqueles que transcenderam o mundo conseguem criar um mundo melhor.

Você deve lembrar que já falamos sobre a dualidade da verdadeira compaixão, que é a percepção de uma ligação tanto com a mortalidade quanto com a imortalidade. Nesse nível profundo, a compaixão se torna um remédio no sentido mais amplo. Nesse estado, a sua influência curativa se baseia não no fazer, mas no ser. Todas as pessoas com quem você mantiver contato serão tocadas pela sua presença e afetadas pela paz que você emana, quer elas estejam ou não conscientes disso. Quando estiver inteiramente presente e as pessoas à sua volta tiverem um comportamento inconsciente, você não vai sentir necessidade de reagir. A sua paz será tão grande e profunda que tudo que não for paz desaparecerá nela, como se nunca tivesse existido. Isso quebra o ciclo cármico de ação e reação. Os animais, as árvores, as flores vão sentir a sua paz e reagir a ela. Você ensinará através do ser, através da demonstração da paz de Deus. Você passará a ser a "luz do mundo", uma emanação da pura consciência, e assim eliminará a causa do sofrimento. Você eliminará a inconsciência do mundo.

§

Isso não significa que você não possa também ensinar através da ação – por exemplo, ao apontar como se desidentificar da mente, reconhecer padrões inconscientes no interior de alguém, etc. Mas quem você é será sempre um ensinamento transformador do mundo mais vital e mais poderoso do que o que você disser, e até mais essencial do que o que você fizer. Além disso, reconhecer a primazia do Ser – e assim trabalhar no nível da causa – não exclui a possibilidade de que a sua compaixão possa simultaneamente se manifestar no nível da ação e do efeito, ao aliviar o sofrimento sempre que você o encontrar. Quando alguém faminto lhe pedir pão e você tiver, você vai dar. Mas, ao dar o pão, mesmo que o seu contato seja muito breve, o mais importante será esse momento do Ser partilhado, do qual o pão é apenas um símbolo. Uma cura profunda se instala internamente. Nesse momento, não há doador nem receptor.

Como podemos criar um mundo melhor sem acabar primeiro com grandes males, como a fome e a violência?

Todos os males são *efeito* da inconsciência. Podemos aliviar os efeitos da inconsciência, mas não podemos eliminá-los, a menos que eliminemos sua causa. A verdadeira transformação acontece no interior, não no exterior.

Querer aliviar o sofrimento do mundo é uma coisa muito nobre, mas lembre-se de não se concentrar exclusivamente no exterior, do contrário você vai sentir frustração e desespero. Sem uma profunda mudança na consciência humana, o sofrimento é um buraco sem fundo. Portanto, não permita que a sua compaixão se torne unilateral. A empatia com o sofrimento do outro e o desejo de ajudar devem ser equilibrados com uma profunda percepção da natureza eterna de todas as coisas e com a consciência do aspecto ilusório de todos os sofrimentos. Permita que a sua paz inunde tudo o que você fizer e estará atuando sobre o efeito e a causa ao mesmo tempo.

Se quiser impedir que os seres humanos destruam uns aos outros e acabem com o planeta, lembre-se de que, assim como não consegue combater a escuridão, você também não pode combater a inconsciência. Se tentar fazer isso, a oposição polar vai se tornar fortalecida e mais profundamente arraigada. Você vai se identificar com uma das polaridades, vai criar um "inimigo" e será conduzido ao seu eu interior inconsciente. Eleve a consciência ao disseminar a informação, ou melhor, pratique a resistência passiva. Mas tenha a certeza de que você não carrega nenhuma resistência interior, nenhum ódio, nenhuma negatividade. "Ame os seus inimigos", disse Jesus. O que, obviamente, significa: não tenha inimigos.

Uma vez que você se envolva em atuar no nível do efeito, é muito fácil se perder dentro dele. Fique alerta e muito, muito presente. A causa tem de permanecer o seu foco inicial; o ensinamento da iluminação, o seu propósito principal, e a paz, o seu mais precioso presente para o mundo.

capítulo dez

O SIGNIFICADO DA ENTREGA

A ACEITAÇÃO DO AGORA

Você mencionou a palavra "entrega" algumas vezes. Essa ideia não me agrada. Soa um pouco fatalista. Se aceitarmos sempre as coisas como elas são, não vamos fazer nenhum esforço para melhorá-las. Para mim, o significado de progresso, tanto em nossa vida pessoal quanto em coletividade, é não aceitarmos as limitações do presente e nos empenharmos para ir além, para superá-las e criar coisas melhores. Se não tivéssemos agido assim, ainda estaríamos vivendo em cavernas. Como conciliar essa entrega com a mudança e a realização das coisas?

Para muitas pessoas, a entrega talvez tenha conotações negativas, como uma derrota, uma desistência, uma incapacidade de se reerguer das ciladas da vida, certa letargia, etc. A verdadeira entrega, entretanto, é algo completamente diferente. Não significa suportar passivamente uma situação qualquer que nos aconteça e não fazer nada a respeito, nem deixar de fazer planos ou de ter confiança para começar algo novo.

A entrega é a sabedoria simples mas profunda de nos *submetermos* e não de nos *opormos* ao fluxo da vida. O único lugar em que podemos sentir o fluxo da vida é no Agora. Isso significa que se entregar é aceitar o momento presente sem restrições e sem nenhuma reserva. É abandonar a resistência interior àquilo que *é*. A resistência interior acontece quando dizemos "não" para aquilo que *é*, através do nosso julgamento mental e de uma negatividade emocional. Isso se agrava especialmente quando as coisas "vão mal", o que significa que há um espaço entre as exigências ou expectativas rígidas da nossa mente e aquilo que *é*. Esse é o espaço do sofrimento. Se você já tiver vivido bastante tempo, certamente saberá que as coisas "vão mal" com muita frequência. É precisamente nesses momentos em que a entrega tem de ser praticada, caso queiramos eliminar o sofrimento e as mágoas da nossa vida. A aceitação daquilo que *é* nos liberta imediatamente da identificação com a mente e nos religa com o Ser. A resistência *é* a mente.

A entrega é um fenômeno puramente interior. Isso não quer dizer que não possamos fazer alguma coisa no campo exterior para mudar a situação. Na verdade, não é a situação completa que temos de aceitar quando falo de entrega, mas apenas o segmento minúsculo chamado o Agora.

Por exemplo, se você estiver atolado na lama, não tem de dizer: "Está bem, me conformo de estar atolado nessa lama." Resignação não quer dizer entrega. Você não precisa aceitar uma situação indesejável ou desagradável na sua vida. Nem precisa se iludir e dizer que não tem nada errado em estar atolado na lama. Nada disso. Você tem completa consciência de que deseja sair dali. Então reduz a sua atenção ao momento presente, sem atribuir a essa situação nenhum rótulo mental. Isso significa que não existe nenhum julgamento do Agora. Em consequência, não existe nenhuma resistência, nenhuma negatividade emocional. Você aceita a "existência" do momento. A seguir, toma uma atitude e faz tudo o que puder para sair da lama. Chamo essa atitude de ação positiva. Funciona muito mais do que uma ação negativa, que decorre da raiva, do desespero ou da frustração. Até que alcance o resultado desejado, você continua a praticar a entrega ao se abster de rotular o Agora.

Vou fazer uma analogia visual para ilustrar o ponto que estou sustentando. Você está andando por uma estrada à noite, com uma neblina cerrada, mas possui uma lanterna potente que corta a neblina e cria um espaço estreito e nítido na sua frente. A neblina é a sua situação de vida, que inclui o passado e o futuro. A lanterna é a sua presença consciente, e o espaço nítido é o Agora.

Não se entregar endurece a forma psicológica, a casca do ego, e assim cria uma forte sensação de separação. O mundo e as pessoas à sua volta passam a ser vistos como ameaças. Surge uma compulsão inconsciente para destruir os outros através do julgamento e uma necessidade de competir e dominar. Até mesmo a natureza vira sua inimiga e o medo passa a governar a sua percepção e a interpretação das coisas. A doença mental conhecida como paranoia é apenas uma forma ligeiramente mais aguda desse estado normal, embora disfuncional, da consciência.

A resistência faz com que tanto a sua mente quanto o seu corpo fiquem mais "pesados". A tensão se manifesta em diferentes partes do corpo, que se contrai para se defender. O fluxo de energia vital, essencial para o funcionamento saudável do corpo, fica prejudicado. Algumas formas de terapia corporal podem ser úteis para restaurar esse fluxo, mas a menos que você pratique a entrega na sua vida diária, essas coisas só podem lhe proporcionar um alívio temporário, porque a causa, o padrão de resistência, não foi ainda dissolvida.

Porém, existe alguma coisa dentro de você que não é afetada pelas circunstâncias transitórias que constroem a sua situação de vida e a que você só tem acesso através da entrega. Trata-se da sua vida, do seu próprio Ser, que existe no eterno domínio do presente. Encontrar essa vida é "a única coisa necessária" de que Jesus falava.

Se a sua situação de vida é insatisfatória ou mesmo intolerável, somente através da entrega você vai conseguir quebrar o padrão inconsciente de resistência, que permite a permanência dessa situação.

A entrega é perfeitamente compatível com tomar uma atitude, iniciar uma mudança ou atingir objetivos. Mas, no estado de entrega, uma energia totalmente diferente flui naquilo que fazemos. A entrega nos religa com a fonte de energia do Ser, e, se as nossas ações estiverem impregnadas com o Ser, elas se tornam uma alegre celebração da energia da vida, que nos aprofunda cada vez mais no Agora. Através da não resistência, a qualidade da nossa consciência, e, portanto, a qualidade do que estivermos fazendo ou criando, aumenta sem medidas. Os resultados vão falar por si mesmos e refletir essa qualidade. Podemos chamar isso de "ação de entrega". Não é um trabalho tal como nós conhecemos por milhares de anos. À medida que mais seres humanos despertarem, a palavra *trabalho* vai desaparecer do nosso vocabulário e talvez seja criada uma nova palavra para substituí-la.

A qualidade da sua consciência neste momento é que vai determinar o tipo de futuro que você vai viver. Portanto, entregar-se é a coisa mais importante que você pode fazer para provocar uma mudança positiva. Qualquer outra coisa que você fizer será secundária. Nenhuma ação positiva pode surgir de um estado de consciência onde não existe entrega.

Consigo entender que, se estou em uma situação desagradável ou insatisfatória e aceito o momento como ele se apresenta, não haverá nenhum sofrimento ou infelicidade. Terei passado por cima deles. Mas ainda não entendo de onde poderia se originar a energia para provocar uma mudança, sem que existisse uma certa dose de insatisfação.

No estado de entrega, você vê claramente o que precisa ser feito e parte para a ação, fazendo uma coisa de cada vez e se concentrando em uma coisa de cada vez. Aprenda com a natureza. Veja como todas as coisas se realizam e como o milagre da vida se desenrola sem insatisfação ou infelicidade. É por isso que Jesus disse: "Olhai os lírios do campo, como eles crescem; não trabalham nem fiam."

Se a sua situação geral é insatisfatória ou desagradável, *separe esse instante* e entregue-se ao que é. Eis aqui a lanterna cortando através da neblina. O seu estado de consciência deixa então de ser controlado pelas condições externas. Você não age mais a partir de uma resistência ou de uma reação.

Olhe para uma situação específica e pergunte-se: "Existe alguma coisa que eu possa fazer para mudar essa situação, melhorá-la ou me retirar dela?" Se houver, você toma a atitude adequada. Não se prenda às mil coisas que você vai ter que fazer em algum tempo futuro, mas na única coisa que você pode fazer agora. Isso não significa que você não deva traçar um plano. Planejar talvez seja a única coisa que você possa fazer agora. Mas certifique-se de que você não vai começar a rodar "filmes mentais", se projetar no futuro e, assim, perder o Agora. Talvez a atitude que você tomar não dê frutos imediatamente. Até que ela dê, não resista ao que é. Se não houver nada que possa fazer e você também não puder escapar da situação, use isso para poder ir mais fundo na entrega, mais fundo no Agora, mais fundo no Ser. Quando entra nessa eterna dimensão do presente, a mudança sempre acontece por caminhos estranhos, sem a necessidade de uma grande quantidade de atitudes da sua parte. A vida se torna proveitosa e cooperativa. Se fatores internos como o medo, a culpa ou a indolência impedem você de tomar uma atitude, eles vão se dissolver na luz da sua presença consciente.

Não confunda entrega com uma atitude do tipo "não ligo mais para nada". Essas atitudes estão cheias de negatividade na forma de um ressentimento oculto, portanto não se trata de entrega mas de uma resistência disfarçada. Ao se entregar, dirija a sua atenção para dentro para verificar se existe algum traço de resistência que tenha ficado no seu interior. Fique bem alerta ao fazer isso, do contrário um resíduo de resistência pode ter ficado escondido em algum cantinho escuro, na forma de um pensamento ou de uma emoção desconhecida.

DA ENERGIA DA MENTE PARA A ENERGIA ESPIRITUAL

Livrar-se da resistência não é uma tarefa fácil. Continuo sem saber como fazer isso.

Comece por admitir que é resistência. *Esteja* lá quando a resistência aparecer. Observe de que modo a sua mente a cria, que nome dá à situação, a você mesmo, ou aos outros. Observe o processo de pensamento envolvido. Sinta a energia da emoção. Ao testemunhar a resistência, você vai verificar que ela não tem nenhum propósito. Ao focalizar toda a sua atenção no Agora, a resistência inconsciente passa a ser consciente, e isso é o fim dela. Você não pode estar infeliz e consciente. Se há infelicidade, negatividade ou qualquer forma de sofrimento, significa que existe resistência, e a resistência é sempre inconsciente.

Eu tenho certeza de que posso estar consciente da minha infelicidade.

Você escolheria a infelicidade? Se não escolheu, como ela apareceu? Qual é o propósito dela? Quem a está mantendo viva? Você diz que está consciente da sua infelicidade, mas a verdade é que você está identificado com ela e mantém vivo esse processo de identificação, através de um pensamento compulsivo. Tudo *isso* é inconsciência. Se você estivesse consciente, quer dizer, totalmente presente no Agora, toda a negatividade iria se dissolver quase instantaneamente. Ela não conseguiria sobreviver na sua presença. Só consegue sobreviver na sua ausência. Nem mesmo o sofrimento consegue sobreviver muito tempo diante da presença. Você mantém a infelicidade viva quando dá tempo a ela. Esse é o sangue dela. Remova o tempo, concentrando uma percepção intensa no momento presente, e ela morre. Mas você quer mesmo que ela morra? Você já teve mesmo o bastante dela? Quem você seria sem ela?

Até que você pratique a entrega, a dimensão espiritual é algo a respeito do que você já leu, ouviu falar, escreveu, pensou, acreditou ou não. Não faz diferença. Não até que a entrega tenha se tornado uma realidade em sua vida. No momento da entrega, a energia que você desprende e que passa a governar sua vida é de uma frequência vibracional muito maior do que a energia da mente, que ainda governa as estruturas sociais, políticas e econômicas da nossa civilização e que se perpetua através da propaganda e dos sistemas educacionais. Através da entrega, a energia espiritual penetra nesse mundo. Ela não gera sofrimento para você, para outros seres humanos ou para qualquer outra forma de vida no planeta. Ao contrário da energia da mente, ela não polui a terra e não está sujeita à lei das polaridades, que diz que nada pode existir sem o seu oposto e que não pode haver o bem sem o mal. Aqueles que continuam dominados pela mente – a grande maioria da população – não percebem a existência da energia espiritual. Ela pertence a uma outra ordem e vai criar um mundo diferente quando um número suficiente de seres humanos entrar no estado de entrega e se tornar totalmente livre da negatividade. Se a Terra sobreviver, essa será a energia daqueles que a habitarem.

Jesus se referiu a essa energia quando proferiu seu famoso e profético Sermão da Montanha: "Bem-aventurados os mansos porque herdarão a Terra." É uma presença silenciosa mas intensa, que dissolve os padrões inconscientes da mente. Eles podem até permanecer ativos por um tempo, mas não vão mais governar a sua vida. As condições externas, que apresentavam uma resistência, também tendem a mudar ou a se dissolver através da entrega. Essa energia é um poderoso agente transformador de situações e de pessoas. Caso as condições não mudem imediatamente, a sua aceitação do Agora permite que você se coloque acima delas. De qualquer forma, você está livre.

A ENTREGA NOS RELACIONAMENTOS PESSOAIS

E quanto às pessoas que querem me usar, manipular ou controlar? Tenho de me entregar a elas?

Elas estão isoladas do Ser e tentam inconscientemente sugar sua força e energia. Somente alguém inconsciente vai tentar usar ou manipular os outros, mas também é verdade que apenas as pessoas inconscientes *podem* ser usadas e manipuladas. Se você reage ou se opõe ao comportamento inconsciente dos outros, também fica inconsciente. Porém, a entrega não significa uma permissão para que pessoas inconscientes usem você. De jeito nenhum. É possível dizer "não" de modo firme e claro para alguém e, ao mesmo tempo, permanecer em um estado de não resistência interior. Ao dizer "não" a uma pessoa ou situação, você não deve reagir, mas sim agir de acordo com um insight, uma firme convicção do que é certo ou errado para você naquele momento. Permita que isso seja um "não" sem reação, um "não" de alta qualidade, um "não" livre de toda a negatividade e, desse modo, não gere mais sofrimento.

Estou passando por uma situação desagradável no trabalho. Tentei me entregar a ela, mas achei impossível. Uma grande dose de resistência continua a aparecer.

Se você não consegue se entregar, aja imediatamente. Fale ou faça alguma coisa para provocar uma mudança na situação, ou se afaste dela. Seja responsável pela sua vida. Não polua o seu lindo e radiante Ser interior com negatividade. Não transmita infelicidade, nem deixe que ela crie um lugar dentro de você.

A não resistência também deve regular nossa conduta externa, como por exemplo uma não resistência à violência, ou é algo que só interessa à nossa vida interior?

Você só precisa se preocupar com o aspecto interno. Isso é fundamental. É claro que ele vai acabar modificando suas atitudes externas, seus relacionamentos, etc.

Seus relacionamentos vão mudar profundamente através da entrega. Se você nunca consegue aceitar o que *é*, consequentemente não é capaz de aceitar qualquer pessoa do jeito que ela é. Você está sempre julgando, criticando, rotulando, rejeitando ou tentando mudar as pessoas. Além disso, se continuar a transformar o Agora em um meio para atingir um fim no futuro, também vai considerar as pessoas com quem se relaciona como um meio para atingir um objetivo. O relacionamento, o ser humano, passa a ter uma importância secundária para você, ou mesmo nenhuma importância. O que vale é o que você consegue extrair do relacionamento: um ganho material, uma sensação de poder, um prazer físico, ou alguma forma de gratificação do ego.

Deixe-me ilustrar como a entrega pode agir nos relacionamentos. Quando se envolver em uma discussão ou um conflito com um sócio ou um amigo, observe como você se coloca na defensiva quando a sua própria posição é atacada, sinta a potência da sua própria agressão ao atacar a posição da outra pessoa. Observe o apego aos seus pontos de vista e opiniões. Sinta a energia mental e emocional por trás da sua necessidade de ter razão e de mostrar à outra pessoa que ela está errada. Essa é a energia da mente. Você a torna consciente ao reconhecê-la, ao senti-la o mais completamente possível. De repente, no meio de uma discussão, você descobre que pode fazer uma escolha e resolve abdicar da sua própria reação, só para ver o que acontece. Você se entrega. Não quero dizer abrir mão da sua reação verbalmente dizendo "está bem, você tem razão", com um ar no rosto que diz "estou acima de toda essa inconsciência infantil". Isso é apenas deslocar a resistência para um outro nível, com a mente ainda no comando, considerando-se superior. Estou falando de abandonar todo o campo de energia mental e emocional que estava disputando o poder dentro de você.

O ego é esperto, portanto, você tem de estar alerta, presente e ser 100 por cento honesto consigo mesmo para verificar se abandonou realmente sua identificação com uma posição mental e se libertou, assim, da sua mente. Se você se sentir leve, livre e profundamente em paz, é sinal de que você se entregou completamente. Observe então o que acontece à posição mental da outra pessoa, já que você não mais a energiza ao oferecer resistência. Quando abrimos mão da identificação com as nossas posições mentais, começa a verdadeira comunicação.

E quanto à não resistência diante da violência?

Não resistência não significa necessariamente não fazer nada. Significa que qualquer "fazer" se torna não reação. Lembre-se da profunda sabedoria implícita na prática das artes marciais orientais: não ofereça resistência à força opositora. Submeta-se para superá-la.

Tendo estabelecido isso, "não fazer nada" quando estamos em um estado de intensa presença é um poderoso transformador e curador de situações e de pessoas. No taoismo, existe a expressão *wu wei*, que é comumente traduzida por "atividade sem ação" ou "sentar-se silenciosamente sem fazer nada". Na antiga China, isso era considerado como uma das mais elevadas conquistas ou virtudes. É radicalmente diferente da inatividade, no estado comum da consciência, ou melhor, da inconsciência, que tem raízes no medo, na indolência ou na indecisão. O verdadeiro "fazer nada" implica uma não resistência interior e um intenso estado de alerta.

Por outro lado, caso haja necessidade de ação, você não vai mais reagir a partir da sua mente condicionada, mas vai responder a uma situação com a sua presença consciente. Nesse estado, a mente é livre de conceitos, incluindo o conceito da não violência. Então, quem pode prever o que você vai fazer?

O ego acredita que a nossa força reside em nossa resistência, quando, na verdade, a resistência nos separa do Ser, o único lugar de força verdadeira. A resistência é a fraqueza e o medo disfarçados de força. O que o ego vê como fraqueza é o Ser em sua pureza, inocência e poder. O que ele vê como força é fraqueza. Assim, o ego existe num modo contínuo de resistência e desempenha papéis falsos para encobrir a "fraqueza", que, na verdade, é o nosso poder.

Até que haja a entrega, a representação inconsciente de determinados papéis se constitui em grande parte da interação humana. Na entrega, não mais precisamos das defesas do ego e das falsas máscaras. Passamos a ser muito simples, muito reais. "Isso é perigoso", diz o ego. "Você vai se machucar. Vai ficar vulnerável." O ego não sabe, é claro, que somente quando deixamos de resistir, quando nos tornamos vulneráveis, é que podemos descobrir a nossa verdadeira e fundamental invulnerabilidade.

Se alguém está seriamente doente e aceita a doença, será que não estaria abrindo mão de sua vontade de recuperar a saúde? Ainda teria determinação para combater a doença?

A entrega é a aceitação interior daquilo que *é*, sem nenhuma condição. Estamos falando sobre a sua *vida*, este momento, e não sobre as condições ou circunstâncias da sua vida, não daquilo que eu chamo situação de vida. Já tratamos desse assunto.

As doenças fazem parte da nossa situação de vida. Assim, possuem um passado e um futuro. O passado e o futuro formam um contínuo sem interrupção, a menos que o poder redentor do Agora seja ativado através da nossa presença consciente. Como você sabe, por baixo das várias condições que constituem a nossa situação de vida, que existe no tempo, há uma coisa mais profunda, mais essencial: a sua Vida, o seu próprio Ser dentro do eterno Agora.

Como não existem problemas no Agora, as doenças também não existem. Acreditar em um rótulo que alguém confere às nossas condições fortalece-as e constrói uma realidade aparentemente sólida em torno de um desequilíbrio temporário. Isso não só confere realidade e solidez, mas também uma continuidade no tempo que não havia antes. Ao se concentrar neste instante e evitar rotular a doença mentalmente, ela se reduz a um dos seguintes fatores: sofrimento físico, fraqueza, desconforto ou invalidez. É a *isso* que você se entrega, agora. Você não se entrega à ideia da "doença". Deixe o sofrimento trazer você para o momento presente, para um estado de presença intensa consciente. Use-o para a iluminação.

A entrega não transforma aquilo que *é*, ao menos não diretamente. A entrega transforma *você*. Quando *você* estiver transformado, todo o seu mundo fica transformado, porque o mundo é somente um reflexo. Se você se olha no espelho e não gosta do que vê, tem que ter enlouquecido para agredir a imagem no espelho. É exatamente assim que você age quando está em um estado de não aceitação. E, naturalmente, se você agride a imagem, ela ataca você de volta. Se você aceita a imagem, não importa qual ela seja, se tem uma postura amigável em relação a ela, a imagem não consegue *não* se tornar amigável em relação a você. É dessa forma que você consegue mudar o mundo.

A doença não é o problema. *Você* é o problema, enquanto a mente estiver no controle. Quando você estiver doente ou incapacitado, não sinta que fracassou de alguma forma, não sinta culpa de nada. Não culpe a vida por tratar você tão mal, mas também não se culpe de nada. Tudo isso é resistência. Se você tem uma doença grave, use-a para alcançar a iluminação. Use qualquer coisa ruim que acontecer na sua vida para alcançar a iluminação. Retire o tempo da doença. Não dê a ela nenhum passado ou futuro. Deixe-a forçar você para a percepção intensa do momento presente. E veja o que acontece.

Torne-se um alquimista. Transforme o metal em ouro, o sofrimento em consciência, a infelicidade em iluminação.

Você está gravemente doente e sentindo raiva do que acabei de dizer? Então esse é um sinal claro de que a doença se tornou parte do seu sentido de eu interior e que, neste momento, você está protegendo a sua identidade e também protegendo a doença. A circunstância que foi rotulada de "doença" não tem nada a ver com quem você realmente é.

QUANDO A INFELICIDADE ATACA

No que diz respeito à maioria da população ainda inconsciente, somente uma situação crítica tem o potencial de quebrar a dura casca do ego e forçar as pessoas a uma entrega e, desse modo, a um estado iluminado. Uma situação-limite surge quando uma infelicidade, uma mudança drástica, uma perda ou sofrimento profundo despedaça todo o mundo da pessoa, tornando-o sem sentido. É um encontro com a morte, seja ela física ou psicológica. A mente, a criadora desse mundo, entra em colapso. Das cinzas desse velho mundo, um novo mundo pode, então, passar a existir.

Não existe nenhuma garantia de que uma situação-limite vai fazer isso acontecer, mas o potencial está sempre ali. A resistência de algumas pessoas àquilo que *é* pode até aumentar em uma situação como essa, tornando a vida um inferno. Outras pessoas podem se entregar parcialmente, mas mesmo isso vai lhes dar uma profundidade e uma serenidade que elas não tinham antes. A casca do ego se quebra em alguns pontos e isso permite que pequenas porções de esplendor e de paz brilhem.

As situações-limite têm produzido muitos milagres. Muitos assassinos que estavam no corredor da morte à espera da execução experimentaram, em suas últimas horas de vida, uma existência dissociada do ego e a profunda paz e alegria que a acompanham. A resistência interior à situação em que se encontravam se tornou tão intensa que produziu um sofrimento insuportável, e não havia nenhum lugar para onde correr e nada a fazer para escapar dela, nem mesmo um projeto da mente para o futuro. Assim, eles foram forçados a uma completa aceitação do inaceitável. Foram forçados à entrega. Nesse sentido, foram capazes de penetrar no estado de graça que traz a redenção: uma libertação completa do passado. Não é a situação-limite que dá espaço ao milagre da graça e da redenção, mas sim o ato de entrega.

Portanto, sempre que acontecer uma desgraça ou alguma coisa de ruim em sua vida – uma doença, a perda da casa, do patrimônio ou de uma posição social, o rompimento de um relacionamento amoroso, a morte ou o sofrimento por alguém, ou a proximidade da sua própria morte –, saiba que existe um outro lado e que você está a apenas um passo de distância de algo inacreditável: uma completa transformação alquímica da base de metal da dor e do sofrimento em ouro. Esse passo simples é chamado de entrega.

Não estou querendo dizer que você vai ficar feliz em uma situação dessas. Não vai. Mas o medo e o sofrimento vão se transformar em uma paz interior e uma serenidade que vêm de um lugar muito profundo, do próprio Não Manifesto. Essa é a "paz de Deus, que ultrapassa todo o entendimento". Comparada a isso, a felicidade é quase uma coisa superficial. Com essa paz radiante, vem a percepção – não no nível da mente, mas dentro das profundezas do seu Ser – de que você é indestrutível, imortal. Isso não é uma crença. É uma certeza absoluta, que não precisa de uma manifestação exterior nem de qualquer prova.

TRANSFORMANDO O SOFRIMENTO EM PAZ

Li a respeito de um filósofo estoico na Grécia antiga que, ao saber da morte do filho em um acidente, respondeu: "Eu sabia que ele não era imortal." Isso é entrega? Se for, não a desejo para mim. Existem algumas situações em que a entrega parece uma coisa forçada e desumana.

Suprimir nossos sentimentos não é entrega. Mas também não sabemos qual era o estado interior do filósofo, quando disse essas palavras. Em situações extremas, pode ser impossível aceitar o Agora, mas sempre temos uma segunda chance na entrega.

Nossa primeira chance é nos entregarmos, a cada instante, à realidade do momento. Sabendo que aquilo que *é* não pode ser desfeito – porque já *é* –, dizemos sim àquilo que *é* ou aceitamos o que não é. Então fazemos o que tem de ser feito, o que quer que a situação exija. Se nos submetemos a esse estado de aceitação, deixamos de criar negatividade, sofrimento ou infelicidade. Passamos a viver em um estado de não resistência, um estado de graça e de luz, livre das disputas.

Sempre que você for incapaz de realizar isso, sempre que perder essa oportunidade, seja porque não está gerando uma presença consciente o bastante para evitar o surgimento do padrão de resistência habitual, seja porque as circunstâncias são tão extremas que são completamente inaceitáveis, você está criando alguma forma de dor, alguma forma de sofrimento. Pode parecer que é a situação que está causando o sofrimento, mas não é bem assim: a responsável é a sua resistência.

Aqui está a sua segunda chance de entrega. Se você não consegue aceitar o que está lá fora, aceite então o que está *dentro*. Isso quer dizer, não resista ao sofrimento. Permita que ele esteja ali. Entregue-se ao pesar, ao desespero, ao medo, à solidão, ou a qualquer forma que o sofrimento assuma. Abrace o sofrimento. Veja, então, como o milagre da entrega transforma o sofrimento profundo em uma paz profunda. Essa é a sua crucificação. Permita que ela seja a sua ressurreição e ascensão ao céu.

Não consigo entender como alguém pode se entregar ao sofrimento. Como você já mencionou, o sofrimento é a não entrega. Como poderia me entregar à não entrega?

Esqueça a entrega por um instante. Quando a sua dor é profunda, tudo o que se disser a respeito de entrega vai, provavelmente, lhe parecer superficial e sem sentido. Quando o seu sofrimento é profundo, você provavelmente tem um grande anseio de escapar e de não se entregar a ele. Você não quer sentir o que está sentindo. O que pode ser mais normal? Mas não tem escapatória, nenhuma saída. Existem algumas pseudossaídas como o trabalho, a bebida, as drogas, a raiva, as projeções, as abstenções, etc., mas elas não libertam você do sofrimento. O sofrimento não diminui de intensidade quando você o torna inconsciente. Quando você nega o sofrimento emocional, tudo o que você faz ou pensa fica contaminado por ele. Você o irradia, por assim dizer, como a energia que se desprende de você, e outros vão captá-lo subliminarmente. Se essas pessoas estiverem inconscientes, podem até se ver compelidas a agredir ou machucar você de alguma forma, ou você pode machucá-las em uma projeção inconsciente do seu sofrimento. Você atrai e transmite aquilo que corresponde ao seu estado interior.

Quando não existe caminho para fora, existe sempre um caminho *através*. Portanto, não fuja do sofrimento. Enfrente-o. Sinta-o plenamente. *Sinta-o*, mas não *pense* a respeito dele! Fale dele, se necessário, mas não crie uma história na sua mente a respeito dele. Dê toda a sua atenção ao sofrimento, não à pessoa ou ao acontecimento que pode tê-lo provocado. Não permita que a mente use o sofrimento para criar uma identidade de vítima para você em função dele. Sentir pena de si mesmo e contar a sua história aos outros vai fazer com que você fique paralisado no sofrimento. Se for impossível se afastar desse sentimento, a única possibilidade de mudança é se mover em direção a ele, do contrário, nada vai mudar. Portanto, dê a sua completa atenção ao que você sente e evite dar um nome a isso mentalmente. Ao se dirigir para o sentimento, fique intensamente alerta. No princípio, pode parecer um lugar escuro e aterrador, e quando vier o impulso para se afastar, observe-o, mas não se deixe guiar por ele. Permaneça colocando a sua atenção no sofrimento, permaneça sentindo o pesar, o medo, o pavor, a solidão, o que for. Fique alerta, fique presente, com todo o seu Ser, com cada célula do seu corpo. Ao fazer isso, você está trazendo uma luz para a escuridão. É a chama da sua consciência.

Nesse ponto, você não precisa mais se preocupar com a entrega. Ela já aconteceu. Como? A atenção completa é a aceitação completa, *é* entrega. Ao dar atenção completa, você está usando o poder do Agora, que é o poder da sua presença. Nenhum indício de resistência consegue sobreviver nele. A presença remove o tempo. Sem o tempo, nenhum sofrimento e nenhuma negatividade conseguem sobreviver.

A aceitação do sofrimento é uma viagem em direção à morte. Encarar o sofrimento profundo, permitindo que ele exista, colocando a sua atenção sobre ele, é entrar na morte conscientemente. Quando tiver morrido essa morte, você perceberá que não existe morte e que não há nada a temer. Só quem morre é o ego. Imagine um raio de sol que se esqueceu que é uma parte inseparável do sol, acredita que precisa lutar pela sobrevivência e, assim, cria e se apega a uma outra identidade diferente do sol. Será que a morte dessa ilusão não seria incrivelmente libertadora?

Você quer ter uma morte fácil? Você prefere morrer sem sofrimento, sem agonia? Então, morra para o passado a cada instante e permita que a luz da sua presença apague o pesado e limitado "eu" que você pensou que era "você".

§

O CAMINHO DA CRUZ

Existem muitos relatos de pessoas que dizem ter encontrado Deus através de um sofrimento profundo, e há também a expressão cristã "o caminho da cruz", que acredito apontar para a mesma coisa.

Esse é o nosso principal interesse aqui.

Na verdade, essas pessoas não encontraram Deus através do sofrimento, porque sofrimento supõe resistência. Elas encontraram Deus através da entrega, da completa aceitação daquilo que é, aonde chegaram por força do sofrimento intenso por que passaram. Elas devem ter percebido, em algum momento, que eram elas que geravam o sofrimento.

Como você compara a entrega com o encontro com Deus?

Como a resistência é inseparável da mente, o abandono da resistência – a entrega – é o fim da atuação dominadora da mente, do impostor fingindo ser "você", o falso deus. Todo o julgamento e toda a negatividade se dissolvem. A região do Ser, que tinha sido encoberta pela mente, se abre. De repente, surge uma grande serenidade dentro de você, uma imensa sensação de paz. E dentro dessa paz existe uma grande alegria. E dentro dessa alegria existe amor. E lá no fundo está o sagrado, o incomensurável, o que não pode ser nomeado.

Não chamo isso de encontrar Deus, porque como se pode encontrar o que nunca foi perdido, a própria vida que é você? A palavra Deus é limitadora, não somente por causa de milhares de anos de má interpretação e uso equivocado, mas também porque pressupõe uma outra identidade que não é você. Deus é o próprio Ser, não um ser. Não pode haver nenhuma relação aqui de sujeito-objeto, nenhuma dualidade, nenhum você *e* Deus. A percepção de Deus é a coisa mais natural que existe. O fato estranho e incompreensível não é que *possamos* nos tornar conscientes de Deus, mas sim que *não somos* conscientes de Deus.

O caminho da cruz a que você se referiu é o velho caminho para a iluminação, e até recentemente era o único caminho. Mas não o rejeite nem subestime sua eficácia. Ele ainda funciona.

O caminho da cruz é uma inversão completa. Significa que a pior coisa na sua vida, a sua cruz, se transforma na melhor coisa que já aconteceu, ao forçar você para a entrega, para a "morte", ao forçar você a se tornar nada, a se tornar como Deus, porque Deus também é coisa nenhuma.

Nesse momento, para a maioria inconsciente dos seres humanos, o caminho da cruz ainda é o único caminho. Eles só vão acordar através de mais sofrimento e a iluminação, como um fenômeno coletivo, será precedida por grandes revoluções. Esse processo reflete o funcionamento de certas leis universais que governam o crescimento da consciência e já previsto por alguns videntes. Ele é descrito, dentre outros lugares, no Livro das Revelações ou Apocalipse, embora disfarçado em uma simbologia obscura e algumas vezes incompreensível. Esse sofrimento não é imposto por Deus, mas pelos próprios humanos, assim como por certas medidas defensivas que a Terra, que é um organismo vivo e inteligente, vai adotar para se proteger do ataque furioso da loucura humana.

Entretanto, existe um número crescente de seres humanos cuja conscientização está suficientemente desenvolvida para não precisar de nenhum sofrimento adicional antes de alcançar a iluminação. Talvez você seja um deles.

A iluminação através do sofrimento, o caminho da cruz, significa ser levado para o reino dos céus, esperneando e gritando. Você finalmente se entrega porque já não suporta mais sofrer. A iluminação escolhida conscientemente significa abandonar nossos apegos ao passado e ao futuro e fazer do Agora o ponto principal da nossa vida. Significa escolher permanecer no estado de presença e não no tempo. Significa dizer sim àquilo que é. Você já não precisa mais sofrer. De quanto tempo você precisa para ser capaz de dizer "Não vou mais criar dores, nem sofrimentos"? Quanto você ainda tem que sofrer antes de fazer essa escolha?

Se você pensa que precisa de mais tempo, você terá mais tempo – e mais sofrimento. O tempo e o sofrimento são inseparáveis.

O PODER DE ESCOLHER

Por que tantas pessoas escolhem o sofrimento? Tenho uma amiga cujo companheiro abusa fisicamente dela e que já viveu o mesmo problema em uma relação anterior. Por que ela escolhe esse tipo de homem e por que se recusa a sair dessa situação?

Sei que a palavra *escolher* é um termo muito usado na Nova Era, mas não é apropriado ao presente contexto. É uma ilusão dizer que alguém "escolhe" um relacionamento problemático ou alguma outra situação negativa na vida. Uma escolha sugere uma consciência, um alto grau de consciência. Sem ela, não há escolha. A escolha começa no instante em que nos desidentificamos da mente e de seus padrões condicionados, o instante em que nos tornamos presentes. Até alcançar esse ponto, você está inconsciente, espiritualmente falando. Significa que você foi obrigado a pensar, sentir e agir de determinadas maneiras, de acordo com o condicionamento da sua mente. É por isso que Jesus disse: "Perdoai-os, porque eles não sabem o que fazem." Isso não está relacionado à inteligência no sentido convencional da palavra. Já encontrei inúmeras pessoas altamente inteligentes e educadas que eram também completamente inconscientes, o que significa dizer, completamente identificadas com suas mentes. Na verdade, se o desenvolvimento mental e o aumento do conhecimento não são contrabalançados por um crescimento correspondente na consciência, o potencial para a infelicidade e o desastre é muito grande.

Sua amiga está paralisada em um relacionamento com um parceiro abusivo e não é a primeira vez. Por quê? Porque não escolheu. A mente, condicionada como é pelo passado, sempre busca recriar o que conhece e com o que está familiarizada. Mesmo que seja doloroso, ao menos é familiar. A mente sempre se apega ao que lhe é familiar. O desconhecido é perigoso porque ela não tem controle sobre ele. É por isso que a mente não gosta do momento presente e prefere ignorá-lo. A percepção do momento presente cria um espaço, não somente no fluxo da mente, mas também no contínuo do passado e futuro. Nada realmente novo e criativo pode acontecer nesse mundo a não ser através desse espaço, um espaço nítido com infinitas possibilidades.

Portanto, sua amiga pode estar recriando um padrão aprendido no passado no qual a intimidade e o abuso eram inseparavelmente relacionados. Por outro lado, ela pode estar representando um padrão mental aprendido na infância, segundo o qual ela é alguém desprezível e merece ser punida. É também possível que ela viva grande parte da vida através do sofrimento, que está sempre em busca de mais sofrimento para se alimentar. O parceiro também tem seus próprios padrões inconscientes, que completam os dela. Quem criou essa situação? A sua própria amiga, ou melhor, o falso eu interior dela, um padrão mental e emocional do passado, nada mais do que isso. Se você lhe disser que ela escolheu essa situação, estará reforçando o estado de identificação dela com a mente. Mas o padrão mental é ela? Sua verdadeira identidade é derivada do passado? Mostre à sua amiga como ser a presença observadora por trás dos pensamentos e das emoções. Conte-lhe sobre o sofrimento e como se libertar dele. Ensine-a a arte da percepção do corpo interior. Demonstre o sentido da presença. Assim que ela for capaz de acessar o poder do Agora e, em consequência, romper com o passado condicionado, ela *vai* ter uma escolha.

Ninguém escolhe o problema, a briga, o sofrimento. Ninguém *escolhe* a doença. Elas acontecem porque não existe presença suficiente para dissolver o passado, ou luz suficiente para dispersar a escuridão. Você não está aqui por inteiro. Você ainda não acordou. Nesse meio-tempo, a mente condicionada está governando a sua vida.

Do mesmo modo, se você é uma das inúmeras pessoas que têm assuntos mal resolvidos com os pais, se ainda guarda ressentimentos por alguma coisa que eles fizeram ou deixaram de fazer, então você ainda acredita que eles tiveram uma escolha e que poderiam ter agido diferente. Sempre *parece* que as pessoas fizeram uma escolha, mas isso é ilusão. Enquanto a sua mente, com os seus padrões de condicionamento, dirigir a sua vida, enquanto você *for* a sua mente, que escolhas você tem? Nenhuma. Você não está nem ligando. O estado identificado com a mente é altamente defeituoso. É uma forma de insanidade. Quase todas as pessoas estão sofrendo dessa doença em vários graus. No momento em que você perceber isso, não haverá mais ressentimento. Como você pode se ressentir com a doença de alguém? A única resposta adequada é compaixão.

Quer dizer que ninguém é responsável pelos atos que pratica? Não gosto dessa ideia.

Se você é governado pela mente, embora não tenha escolha, vai sofrer as consequências da sua inconsciência e criar mais sofrimento. Você vai carregar o fardo do medo, das disputas, dos problemas e do sofrimento. Até que o sofrimento force você, no final, a sair do seu estado de inconsciência.

O que você diz a respeito da escolha também se aplica ao perdão, suponho. Precisamos estar inteiramente conscientes e entregues antes de poder perdoar.

"Perdão" é uma palavra que vem sendo usada há mais de dois mil anos, mas a maioria das pessoas tem uma visão muito limitada do que ela significa. Não podemos perdoar a nós mesmos ou aos outros enquanto extrairmos do passado o nosso sentido do eu interior. Somente acessando o poder do Agora, que é o seu próprio poder, pode haver um verdadeiro perdão. Isso tira a força do passado e você percebe, profundamente, que nada que você fez ou que os outros lhe fizeram poderia atingir, nem de leve, a radiante essência de quem você é. Todo o conceito de perdão se torna então desnecessário.

E como chego a esse ponto de consciência?

Quando nos rendemos àquilo que *é* e assim ficamos inteiramente presentes, o passado deixa de ter qualquer força. Não precisamos mais dele. A presença é a chave. O Agora é a chave.

Quando vou saber que me entreguei?

Quando você não precisar mais fazer essa pergunta.

LEIA UM TRECHO DE OUTRO TÍTULO DO AUTOR:

UM NOVO MUNDO – O DESPERTAR DE UMA NOVA CONSCIÊNCIA

Capítulo um

O DESABROCHAR DA CONSCIÊNCIA HUMANA

EVOCAÇÃO

Terra, 114 milhões de anos atrás, de manhã, logo após o nascer do sol: a primeira flor que aparece no planeta abre-se para receber os raios solares. Antes desse formidável acontecimento, que representa uma transformação evolucionária na vida das plantas, o globo já estivera coberto de vegetação por milhões de anos. A primeira flor provavelmente não durou muito tempo. As flores devem ter permanecido como um fenômeno raro e isolado porque talvez as condições ainda não fossem favoráveis à plena ocorrência do florescimento. Um dia, porém, um limite crítico foi alcançado e, de repente, deve ter se dado uma explosão de cores e perfumes por toda a Terra – isso é o que uma consciência observadora teria visto se estivesse presente.

Muito tempo depois, esses seres delicados e fragrantes que chamamos de flores viriam a desempenhar um papel essencial na evolução da consciência de outras espécies. Cada vez mais, os seres humanos seriam atraídos e se sentiriam fascinados por eles. É provável que as flores tenham sido a primeira coisa que a consciência da espécie humana começou a valorizar enquanto se desenvolvia, mesmo que elas não tivessem um propósito utilitário imediato, isto é, que não estivessem vinculadas de alguma maneira à sobrevivência. No decorrer dos tempos, as flores foram a fonte de inspiração de incontáveis artistas, poetas e místicos. Jesus pede-nos que as contemplemos e que aprendamos com elas sobre como viver. Diz-se que, em determinada ocasião, Buda teria proferido um "sermão silencioso" enquanto segurava uma flor e a apreciava. Após algum tempo, um monge chamado Mahakasyapa começou a sorrir diante dos presentes. Ele teria sido o único a entender o sermão. De acordo com a lenda, aquele sorriso (isto é, a compreensão) foi transmitido às gerações seguintes por 28 mestres sucessivamente e, muito tempo depois, tornou-se a origem do zen.

Contemplar a beleza de uma flor poderia despertar os seres humanos, ainda que por um breve momento, para a beleza que constitui uma parte essencial do seu próprio ser mais profundo, sua verdadeira natureza. O início do reconhecimento da beleza foi um dos acontecimentos mais significativos na evolução da consciência da nossa espécie. Os sentimentos de alegria e amor estão ligados de modo intrínseco a isso. Sem que percebêssemos inteiramente, as flores tornaram-se uma expressão em termos de forma daquilo que é mais elevado, mais sagrado e, em última análise, informe, dentro de nós. Mais efêmeras, mais etéreas e mais delicadas do que as plantas das quais se originam, elas são como mensageiras de outra esfera, uma espécie de ponte entre o mundo das formas materiais e o informe. Elas não só exalam um perfume suave e agradável aos seres humanos, como emanam a fragrância da esfera espiritual. Se usássemos a palavra "iluminação" num sentido mais amplo do que o convencionalmente aceito, poderíamos considerá-las a iluminação das plantas.

Toda forma de vida em qualquer reino estudado pelas ciências naturais – mineral, vegetal, animal e humano – pode passar pelo processo de "iluminação". Porém, é raro isso acontecer, uma vez que significa mais do que um avanço: pressupõe uma descontinuidade no seu desenvolvimento, um salto a um patamar inteiramente diferente do Ser e, mais importante, uma diminuição da materialidade.

O que poderia ser mais pesado e mais impenetrável do que uma rocha, a mais densa de todas as formas? Ainda assim, algumas rochas passam por uma mudança na sua estrutura molecular, convertendo-se em cristais, tornando-se transparentes à luz. Há carbonos que, sob pressão e aquecimento extraordinários, viram diamantes, enquanto determinados minerais pesados se transformam em outras pedras preciosas.

Quase todos os répteis, as mais terrenas de todas as criaturas, permaneceram imutáveis por milhões de anos. Alguns deles, contudo, desenvolveram penas e asas e se transformaram em aves, desafiando assim a força da gravidade, que os dominara por tanto tempo. Não é que eles tenham apenas passado a rastejar e a caminhar melhor – esses animais transcenderam completamente a capacidade de realizar esses dois tipos de movimento.

Desde tempos imemoriais, as flores, os cristais, as pedras preciosas e as aves têm um significado especial para o espírito humano. A exemplo de todas as formas vivas, esses elementos são, é claro, manifestações temporárias da Vida subjacente, da Consciência Única. Seu significado especial e a razão pela qual despertam tamanha fascinação nos seres humanos, que possuem um grande sentimento de afinidade em relação a eles, podem ser atribuídos à sua propriedade etérea.

Como existe certo grau de *presença*, isto é, de atenção silenciosa e permanente nas percepções humanas, nossa espécie tem a faculdade de sentir a essência vital divina, a consciência, ou o espírito imutável, que há em todas as criaturas, em todas as formas de vida, reconhecendo-a como compatível com nossa própria essência. Por isso, somos capazes de amá-la como a nós mesmos. Até que isso aconteça, contudo, a maioria das pessoas vê apenas as formas exteriores, não atentando para a essência interior, da mesma maneira como não percebe sua própria essência e se identifica somente com sua forma física e psicológica.

No caso de uma flor, de uma ave, de um cristal ou de uma pedra preciosa, porém, até mesmo uma pessoa com pouca ou nenhuma presença pode perceber que essas formas contêm algo mais do que a mera existência física, sem, no entanto, saber que essa é a razão pela qual possui sentimentos de atração e afinidade em relação a elas. Por causa da sua natureza etérea, a forma obscurece o espírito que a habita até que ele atinja um grau inferior em comparação ao que ocorre com outras criaturas. A exceção a isso são todas as formas de vida recém-nascidas – bebês humanos e filhotes de cães, gatos, cordeiros, etc. Esses seres são frágeis, delicados, ainda não firmemente estabelecidos na materialidade. Uma inocência, uma doçura e uma beleza que não são deste mundo brilham por meio deles. E é por isso que encantam até mesmo pessoas de pouca sensibilidade.

Desse modo, quando estamos atentos e contemplamos uma flor, uma ave ou um cristal sem nomeá-los mentalmente, eles se transformam numa janela para o que não tem forma. Surge uma abertura interna, ainda que quase imperceptível, para o domínio espiritual. É por isso que, desde tempos imemoriais, essas três formas de vida "iluminadas" desempenham um papel tão importante na evolução da consciência humana. Também é por essa razão que, por exemplo, a joia da flor de lótus é um símbolo fundamental do budismo, enquanto uma ave branca – a pomba – representa o Espírito Santo no cristianismo. Elas vêm preparando o terreno para uma mudança mais profunda na consciência planetária que está destinada a acontecer com nossa espécie. Esse é o despertar espiritual que estamos começando a testemunhar agora.

Estará a humanidade pronta para uma transformação da consciência, um florescimento interior tão radical e profundo que, comparado a ela, o desabrochar das flores, por mais bonito que seja, pareça apenas seu pálido reflexo? Seremos capazes de perder a densidade das nossas estruturas mentais condicionadas e nos tornar como cristais ou pedras preciosas, isto é, transparentes à luz da consciência? Conseguiremos desafiar a atração gravitacional do materialismo e da materialidade e permanecer acima da identificação com a forma, que mantém o ego imóvel e nos condena à prisão dentro da nossa própria personalidade?

A possibilidade de ocorrer uma transformação desse tipo tem sido a essência dos ensinamentos de grande sabedoria da humanidade. Os mensageiros – Buda, Jesus e outros, nem todos conhecidos – foram as primeiras flores do gênero humano. São os chamados precursores, seres raros e preciosos. Como um florescimento mais disseminado ainda não era possível na época em que eles viveram, suas mensagens tornaram-se amplamente incompreendidas e muito distorcidas. Assim, não transformaram o comportamento humano, exceto no que diz respeito a um pequeno número de pessoas.

Estaria a humanidade mais preparada agora do que na época dos primeiros mestres? Por que se poderia esperar isso? O que você pode fazer, se é que pode, para produzir ou apressar essa mudança interna? O que caracteriza o antigo estado egoico da consciência e quais sinais nos permitem reconhecer a nova consciência que está surgindo? Essas e outras perguntas essenciais serão discutidas neste livro. Mais importante ainda: este livro é em si um instrumento de transformação que resultou dessa consciência emergente. As ideias e os conceitos que apresenta, ainda que relevantes, são secundários. Eles nada mais são do que pontos de referência em direção ao despertar. À medida que você for avançando na leitura, uma mudança se estabelecerá no seu ser.

O principal propósito deste livro não é acrescentar novas informações e crenças à sua mente nem tentar convencê-lo de alguma coisa, e sim produzir uma modificação da sua consciência, ou seja, o despertar. Nesse sentido, ele não é "interessante". Chamamos de interessante uma leitura que nos permite manter o distanciamento, analisar as ideias e os conceitos, concordar ou discordar. Mas este livro é sobre você. Se ele não modificar seu estado de consciência, não terá feito sentido. Ele só pode despertar quem está pronto para isso. Nem todo mundo se encontra nesse estágio, no entanto muitas pessoas já o atingiram. E, com cada indivíduo que desperta, o impulso sobre a consciência coletiva cresce, fazendo com que o processo fique mais fácil para os outros. Se você não sabe o que significa despertar, continue lendo. Só por meio da experiência se conhece o verdadeiro sentido dessa palavra. Um lampejo é suficiente para dar início a essa transformação, que é irreversível. Para alguns, esse vislumbre virá enquanto estiverem lendo estas páginas. No caso de outros, talvez o processo já esteja em andamento e eles ainda não o tenham compreendido. Este livro os ajudará a perceber isso. Para alguns indivíduos, ele pode ter sido desencadeado por uma perda ou pelo sofrimento. Porém, também pode ter se iniciado pelo contato com um mestre ou ensinamento espiritual, pela leitura do meu livro *O Poder do Agora* – ou de outra obra espiritualmente viva e, portanto, transformadora – ou por qualquer combinação desses fatores. Se o processo do despertar já tiver ocorrendo com você, esta leitura irá acelerá-lo e intensificá-lo.

Um ponto essencial do despertar é a identificação daquela parte em nós que ainda não se modificou, o ego da maneira como ele pensa, fala e age, assim como o reconhecimento do processo mental condicionado coletivamente que perpetua esse estado não desperto. É por isso que este livro mostra os aspectos principais do ego e como eles se manifestam no plano individual e coletivo. Isso é importante por dois motivos que se inter-relacionam. O primeiro deles é: a menos que conheça o mecanismo básico por trás do funcionamento do ego, você não o detectará, e ele irá enganá-lo, impedindo que o reconheça todas as vezes que tentar. Isso mostra que ele o domina – é um impostor fingindo ser você. O segundo motivo é que o ato do reconhecimento é em si uma das maneiras pelas quais acontece o despertar. Quando você descobre a inconsciência em si próprio, aquilo que torna o reconhecimento possível *é* o surgimento da consciência, *é* o despertar. Você não pode lutar contra o ego e vencer, assim como não consegue combater a escuridão. A luz da consciência é tudo o que é necessário. Você é essa luz.

~

A NOVA CONSCIÊNCIA EMERGENTE

A maioria das religiões e tradições espirituais compartilha a ideia de que nosso estado mental "normal" é prejudicado por uma imperfeição fundamental, o distúrbio a que me referi. No entanto, além dessa percepção da natureza da condição humana – que podemos chamar de má notícia –, há uma segunda percepção, ou a boa notícia, que é a possibilidade de uma transformação radical da nossa consciência. Nas mensagens hinduístas (e, em alguns casos, também no budismo), essa mudança é chamada de *iluminação;* nos ensinamentos de Jesus, de *salvação;* no budismo, de *fim do sofrimento*. Outros termos usados para caracterizá-la são *libertação* e *despertar*.

A maior conquista da humanidade não são as obras de arte nem os inventos da ciência e da tecnologia, mas a identificação do seu próprio distúrbio, da sua própria loucura. No passado distante, alguns indivíduos chegaram a fazer esse reconhecimento. É provável que um homem chamado Sidarta Gautama, que viveu há 2.600 anos na Índia, tenha sido o primeiro a ver essa questão com absoluta clareza. Depois, o título de *Buda* lhe foi concedido. Buda significa "aquele que despertou". Praticamente na mesma época, outro dos mestres despertos da humanidade surgiu na China. Seu nome era Lao-Tsé. Ele deixou um registro dos seus ensinamentos na forma de um dos livros espirituais mais profundos já escritos, o *Tao Te Ching*.

Reconhecer a própria loucura marca, obviamente, o surgimento da sanidade, o início da cura e da transcendência. Uma nova dimensão da consciência começava então a emergir no planeta, a primeira tentativa de florescimento. Aquelas pessoas raras se dirigiam a seus contemporâneos falando sobre pecado, sofrimento e ilusão. Diziam: "Observe seu modo de viver. Veja o que você está fazendo, o sofrimento que está causando." Depois, indicavam a possibilidade de despertar do pesadelo coletivo da existência humana "normal". E mostravam o caminho.

O mundo ainda não estava preparado para esses mestres. No entanto, eles foram uma parte crucial e indispensável do despertar humano. Inevitavelmente, na maioria das vezes, não chegaram a ser bem entendidos por seus contemporâneos nem pelas gerações seguintes. Seus ensinamentos, embora simples e eficazes, acabaram sendo distorcidos e mal interpretados, em alguns casos até mesmo na maneira como foram registrados por escrito por seus discípulos. Ao longo dos séculos, acrescentaram-se muitas coisas que não tinham nada a ver com as mensagens originais e que eram reflexos de uma incompreensão básica. Alguns desses sábios foram ridicularizados, insultados ou mortos, enquanto outros passaram a ser venerados como deuses. Os ensinamentos que indicavam o caminho que se encontra além do distúrbio da mente humana, a porta de saída da loucura coletiva, foram desvirtuados e tornaram-se eles mesmos parte da insanidade.

Assim, as religiões, numa grande medida, firmaram-se como forças divisoras em vez de unificadoras. Em lugar de estabelecerem o fim da violência e do ódio por meio da compreensão da unicidade fundamental de toda a vida, elas suscitaram mais violência e ódio, mais separações entre indivíduos, religiões e até mesmo rupturas dentro de um mesmo credo. Tornaram-se ideologias, sistemas de crenças com os quais as pessoas podiam se identificar, e elas os usavam para ressaltar sua falsa percepção do eu. Por meio dessas crenças, elas se classificavam como "certas" e chamavam os outros de "errados". Assim, definiam sua identidade diante dos inimigos – os "outros", os "não crentes" ou "crentes equivocados" – e, algumas vezes, consideravam-se no direito de matá-los. O homem feito "Deus" na sua própria imagem. O eterno, o infinito, o inominável foi reduzido a um ídolo mental no qual as pessoas tinham de acreditar e que devia ser venerado como "o meu deus" ou "o nosso deus".

E, mesmo assim, apesar de todos os desvarios perpetrados em nome das religiões, a Verdade que elas indicam não deixa de brilhar em sua essência, ainda que fracamente, através de muitas camadas de distorção e interpretação errônea. É improvável, porém, que alguém seja capaz de percebê-la, a não ser que já tenha tido pelo menos lampejos da Verdade dentro de si. Ao longo da história, sempre houve indivíduos raros que vivenciaram uma mudança de consciência e, assim, detectaram em si mesmos aquilo que é apontado por todas as religiões. Para descrever essa Verdade não conceitual, eles usaram a estrutura conceitual das suas próprias crenças religiosas.

Por meio de alguns desses homens e mulheres, "escolas", ou movimentos, se desenvolveram dentro de todas as religiões importantes e representaram não só uma redescoberta, mas, em determinados casos, uma intensificação da luz do ensinamento original. Foi assim que o gnosticismo e o misticismo se estabeleceram nos primórdios do cristianismo e no cristianismo medieval. O mesmo ocorreu com o sufismo na religião islâmica, com o hassidismo e a cabala no judaísmo, com o *advaita vedanta* no hinduísmo e com o zen e o *dzogchen* no budismo. Quase todas essas escolas eram iconoclastas. Elas se opuseram a numerosas camadas de conceituações e a estruturas mentais enfraquecidas. Por essa razão, a maior parte delas foi vista com suspeita e hostilidade pelas hierarquias religiosas estabelecidas. Seus ensinamentos, ao contrário das doutrinas da religião principal, enfatizavam a compreensão e a transformação interior. Foi graças a essas escolas esotéricas que os credos mais importantes recuperaram o poder transformador dos seus preceitos originais – embora na maioria dos casos apenas poucas pessoas tivessem acesso a elas. Esses movimentos nunca se expandiram o bastante para exercer uma influência significativa sobre a profunda inconsciência coletiva que predominava. Ao longo do tempo, algumas dessas escolas se tornaram rigidamente formalizadas ou conceitualizadas para permanecerem eficazes.

ESPIRITUALIDADE E RELIGIÃO

Qual é o papel das religiões estabelecidas no surgimento da nova consciência? Muitas pessoas já reconhecem a diferença entre espiritualidade e religião. Elas compreendem que ter um sistema de crenças – um conjunto de pensamentos entendido como a verdade absoluta – não torna ninguém espiritualizado, não importa qual seja a natureza dessas convicções. Na realidade, quanto mais um indivíduo faz de seus pensamentos (crenças) sua própria identidade, mais se distancia da dimensão espiritual que existe dentro dele. Muitas pessoas "religiosas" estão presas nesse nível. Para elas, a verdade equivale ao pensamento. Como estão completamente identificadas com o pensamento (sua mente), consideram-se detentoras exclusivas da verdade, o que é uma tentativa inconsciente de proteger a própria identidade. Elas não compreendem as limitações do pensamento. A seus olhos, qualquer indivíduo que acredite (pense) de modo diferente está errado. Num passado não muito distante, isso lhes serviria de justificativa para matar alguém. E ainda há quem faça isso hoje em dia.

A nova espiritualidade, a transformação da consciência, está surgindo em grande parte fora das estruturas das religiões institucionalizadas. Sempre houve bolsões de espiritualidade, até mesmo nas religiões dominadas pela mente, embora as hierarquias formais tentassem eliminá-los por considerá-los uma ameaça. O fato de que a espiritualidade está aparecendo em larga escala fora das estruturas religiosas é algo inteiramente novo. No passado, isso teria sido inconcebível, sobretudo no Ocidente, terra das culturas mais controladas pela mente, onde a Igreja cristã detinha uma franquia virtual da espiritualidade. Ninguém podia falar a uma plateia sobre esse tema nem publicar um livro sobre o assunto sem a autorização da Igreja, caso contrário seria silenciado. Hoje em dia, porém, mesmo dentro de determinadas crenças e religiões, há sinais de mudança. Isso é confortador, e qualquer pessoa se sente grata pelos sinais de abertura, como foram as visitas do Papa João Paulo II a uma mesquita e a uma sinagoga.

Em parte como resultado dos ensinamentos espirituais que surgiram fora das religiões estabelecidas, mas também em decorrência da influência da antiga sabedoria do Oriente, um número cada vez maior de seguidores das religiões tradicionais tem sido capaz de deixar de lado a identificação com a forma, o dogma e um sistema de crenças rígido. Essas pessoas têm descoberto a profundidade original que está oculta em sua própria tradição espiritual ao mesmo tempo que encontram a profundidade dentro de si mesmas. Elas compreendem que seu "grau de espiritualidade" não está absolutamente relacionado com aquilo em que acreditam, porém que ele tem tudo a ver com seu estado de consciência. Isso, por sua vez, determina como alguém age no mundo e interage com os outros.

Aqueles que não são capazes de ver além da forma ficam mais arraigados a suas crenças, isto é, a seus próprios pensamentos. Hoje em dia, estamos testemunhando não apenas uma influência sem precedentes da consciência como também uma resistência e uma intensificação do ego. Há instituições religiosas abertas à nova consciência, enquanto outras endurecem suas posições doutrinárias e se tornam parte de todas aquelas estruturas artificiais que o ego coletivo usa para se defender e "revidar". Algumas Igrejas e seitas, assim como determinados cultos ou movimentos religiosos, são em essência entidades egoicas coletivas, uma vez que se identificam rigidamente com suas convicções mentais, a exemplo do que fazem os adeptos de qualquer ideologia política fechada a todo tipo de interpretação alternativa da realidade.

Mas o ego está destinado a se dissolver, e todas as suas estruturas rígidas – sejam elas instituições religiosas, corporações, governos ou entidades de outro tipo – irão se desintegrar de dentro para fora, mesmo que pareçam estar profundamente protegidas. As estruturas mais inflexíveis, as mais impermeáveis à mudança, serão as primeiras a desmoronar. Isso já aconteceu no caso do comunismo soviético. Por mais resguardado, por mais sólido e monolítico que se mostrasse, em poucos anos esse sistema se decompôs de dentro para fora. Ninguém tinha previsto esse fato. Todos foram surpreendidos. E há muito mais surpresas aguardando por nós.

Quando se vê diante de uma crise radical, quando seu antigo estilo de existir no mundo – de interagir com os outros e com o reino da natureza – não funciona mais, quando sua sobrevivência é ameaçada por problemas aparentemente incontornáveis, uma forma de vida individual, bem como uma espécie, morrerá ou ultrapassará as limitações da sua condição por meio de um salto evolutivo.

Acredita-se que as formas de vida no nosso planeta tenham se originado no mar. Quando ainda não havia nenhum animal sobre a terra firme, o mar já estava cheio de vida. Então, a certa altura, uma das criaturas marinhas deve ter começado a se aventurar pelo solo. Talvez ela tenha se arrastado por alguns centímetros. Depois, exausta por causa da enorme força gravitacional do planeta, pode ter voltado à água, onde a gravidade é quase inexistente, pois ali conseguiria viver com muito mais facilidade. Mais tarde, ela tentaria de novo, de novo e de novo. Muito tempo depois, esse ser se adaptaria à vida na terra, desenvolvendo pés em vez de nadadeiras e pulmões em lugar de guelras. Parece improvável que uma espécie se expusesse a um ambiente tão estranho e sofresse uma transformação evolucionária, a não ser que fosse compelida a fazer isso por uma situação extrema. Talvez uma grande área de mar tenha passado a receber um volume cada vez menor de água do oceano principal, o que, ao longo de milhares de anos, poderia forçar os peixes a deixar seu hábitat e evoluir.

Responder a uma crise radical que ameace nossa própria sobrevivência – esse é o desafio que se apresenta à humanidade neste momento. O distúrbio da mente humana egoica, identificado há mais de 2.500 anos pela antiga sabedoria dos mestres e agora ampliado pela ciência e a tecnologia, é pela primeira vez algo ameaçador à sobrevivência do planeta. Até pouco tempo atrás, a transformação da consciência humana – também apontada por sábios do passado – era não mais do que uma possibilidade, compreendida por alguns raros indivíduos, independentemente de sua formação cultural e orientação religiosa. Um florescimento disseminado da consciência da nossa espécie não aconteceu porque até então isso não era imperativo.

Uma parte significativa da população do planeta logo entenderá, se é que isso já não aconteceu, que nossa espécie está diante de uma escolha radical: evoluir ou morrer. Uma porcentagem ainda relativamente pequena da humanidade – mas que cresce com rapidez – já está vivenciando o rompimento com os antigos padrões mentais egoicos e a emergência de uma nova dimensão de consciência.

O que está surgindo agora não é um sistema inédito de crenças, não é uma religião diferente, não é uma ideologia espiritual nem uma mitologia. Estamos chegando ao fim não só das mitologias como também das ideologias e dos sistemas de crenças. A mudança é mais profunda do que o conteúdo da nossa mente e do que nossos pensamentos. Na verdade, na essência da nova consciência está a transcendência do pensamento, a recém-descoberta capacidade de nos elevarmos ao pensamento, de compreendermos uma dimensão dentro de nós que é infinitamente mais vasta do que ele. Já não extraímos nossa identidade, o sentimento de quem somos, do fluxo incessante do pensamento, que, na antiga consciência, considerávamos ser nós mesmos. E para um indivíduo é uma libertação saber que ele não é aquela "voz dentro da cabeça". Quem ele é então? É aquele que compreende isso. A consciência que é anterior ao pensamento, ao espaço em que este – ou a emoção, ou a percepção sensorial – acontece.

O ego não é mais do que isto: identificação com a forma, o

que basicamente corresponde a formas de pensamento. Se o mal tem alguma realidade (e ela é uma realidade relativa, e não absoluta), esta também é uma definição dele: identificação com a forma – formas físicas, formas de pensamento, formas emocionais. Isso resulta de uma total falta de consciência da nossa ligação com o todo, da nossa unidade intrínseca com todos os "outros" e com a Origem. Esse esquecimento é o pecado original, o sofrimento, a ilusão. Quando essa ilusão da completa separação governa tudo o que pensamos e fazemos, que tipo de mundo criamos? Para responder a essa pergunta, observe como as pessoas se relacionam entre si, leia um livro de história ou veja o noticiário na televisão hoje à noite.

Se as estruturas da mente humana permanecerem imutáveis, vamos sempre terminar recriando fundamentalmente o mesmo mundo, os mesmos males, o mesmo distúrbio.

UM NOVO CÉU E UMA NOVA TERRA

Há uma profecia bíblica que parece mais aplicável agora do que em qualquer outra época da história humana. Ela aparece tanto no Antigo quanto no Novo Testamento e fala do colapso da ordem mundial existente e do surgimento de "um novo Céu e uma nova Terra".[1] Precisamos entender que o céu mencionado nesse contexto não é um local, e sim o reino interior da consciência. Esse é o significado esotérico do mundo, e esse é também o significado dos ensinamentos de Jesus. A Terra, por outro lado, é a manifestação externa da forma, que é sempre um reflexo do interior. A consciência humana coletiva e a vida no nosso planeta estão intrinsecamente interligadas. *"Um novo Céu" é o surgimento de um estado transformado da consciência humana, enquanto "uma nova Terra" é o reflexo do reino físico.* A vida humana e a consciência humana estão ligadas de modo inerente à vida no planeta. Por isso, à medida que a consciência antiga se dissolve, tendem a ocorrer manifestações naturais de sincronismos geográficos e climáticos em muitas partes do globo, algumas das quais temos testemunhado.

CONHEÇA OUTROS TÍTULOS DO AUTOR:

PRATICANDO O PODER DO AGORA

Praticando o Poder do Agora é um manual que ensina a viver o momento presente, princípio básico que Eckhart Tolle apresenta em *O Poder do Agora*, um dos maiores fenômenos da literatura espiritual, com 8 milhões de livros vendidos em todo o mundo.

Este livro é uma excelente introdução aos ensinamentos do autor, reunindo trechos cuidadosamente selecionados de *O Poder do Agora*. Ao mesmo tempo, é um guia essencial para quem já conhece sua filosofia porque traz técnicas, exercícios e meditações para alcançar a felicidade, a paz interior e a iluminação.

Tolle conduz o leitor a uma nova maneira de pensar (ou melhor, de *não pensar*), eliminando a espera, o medo e a preocupação com o passado e o futuro.

Se você nunca está satisfeito com a sua vida do jeito que ela é, comece a ler este livro agora. E veja o que acontece.

O PODER DO SILÊNCIO

Um dos maiores fenômenos da literatura espiritual dos últimos tempos, Eckhart Tolle, autor de *O Poder do Agora*, nos mostra a importância de silenciar os pensamentos e reencontrar nossa sabedoria interior para viver mais intensamente o momento atual.

O silêncio e a calma não são apenas a ausência de barulho e de conteúdo. São a dimensão mais profunda do nosso ser, a inteligência primordial, a consciência de que só podemos ser felizes Agora.

O poder transformador do silêncio está em nos libertar de pensamentos, medos e desejos, dissipando as tensões do passado e as expectativas em relação ao futuro. Só no presente podemos descobrir quem realmente somos, alcançando assim a paz e a alegria que estão dentro de nós.

Neste livro, seguindo a tradição dos sutras indianos, Tolle optou por transmitir seus ensinamentos espirituais em forma de aforismos. São 200 textos curtos e inspiradores que abordam diversos temas, entre eles, o Agora, os relacionamentos, a morte e a eternidade.

CONHEÇA ALGUNS DESTAQUES DE NOSSO CATÁLOGO

- Augusto Cury: Você é insubstituível (2,8 milhões de livros vendidos), Nunca desista de seus sonhos (2,7 milhões de livros vendidos) e O médico da emoção
- Dale Carnegie: Como fazer amigos e influenciar pessoas (16 milhões de livros vendidos) e Como evitar preocupações e começar a viver
- Brené Brown: A coragem de ser imperfeito – Como aceitar a própria vulnerabilidade e vencer a vergonha (600 mil livros vendidos)
- T. Harv Eker: Os segredos da mente milionária (2 milhões de livros vendidos)
- Gustavo Cerbasi: Casais inteligentes enriquecem juntos (1,2 milhão de livros vendidos) e Como organizar sua vida financeira
- Greg McKeown: Essencialismo – A disciplinada busca por menos (400 mil livros vendidos) e Sem esforço – Torne mais fácil o que é mais importante
- Haemin Sunim: As coisas que você só vê quando desacelera (450 mil livros vendidos) e Amor pelas coisas imperfeitas
- Ana Claudia Quintana Arantes: A morte é um dia que vale a pena viver (400 mil livros vendidos) e Pra vida toda valer a pena viver
- Ichiro Kishimi e Fumitake Koga: A coragem de não agradar – Como se libertar da opinião dos outros (200 mil livros vendidos)
- Simon Sinek: Comece pelo porquê (200 mil livros vendidos) e O jogo infinito
- Robert B. Cialdini: As armas da persuasão (350 mil livros vendidos)
- Eckhart Tolle: O poder do agora (1,2 milhão de livros vendidos)
- Edith Eva Eger: A bailarina de Auschwitz (600 mil livros vendidos)
- Cristina Núñez Pereira e Rafael R. Valcárcel: Emocionário – Um guia lúdico para lidar com as emoções (800 mil livros vendidos)
- Nizan Guanaes e Arthur Guerra: Você aguenta ser feliz? – Como cuidar da saúde mental e física para ter qualidade de vida
- Suhas Kshirsagar: Mude seus horários, mude sua vida – Como usar o relógio biológico para perder peso, reduzir o estresse e ter mais saúde e energia

CONHEÇA OS LIVROS DE ECKHART TOLLE

O poder do agora

Praticando o poder do agora

O poder do silêncio

Um novo mundo: O despertar de uma nova consciência

O poder do agora – reflexões